LA GÉOGRAPHIE PAR l'Image et la Carte

COURS ÉLÉMENTAIRE

par Une Réunion de Professeurs

LIBRAIRIE GÉNÉRALE
77, Rue de Vaugirard. PARIS

A. MAME ET FILS
TOURS

J. DE GIGORD
15, R. Cassette PARIS

N° 128

LA GÉOGRAPHIE PAR L'IMAGE ET LA CARTE

A l'usage du Cours Élémentaire des Écoles primaires

et des Classes Élémentaires de l'Enseignement secondaire

PAR

UNE RÉUNION DE PROFESSEURS

LIBRAIRIE GÉNÉRALE
77, Rue de Vaugirard
PARIS VIe

A. MAME ET FILS
Éditeurs
TOURS

J. DE GIGORD
15, Rue Cassette
PARIS VIe

AVERTISSEMENT

ENFANTS,

Ce Cours Élémentaire *de* GÉOGRAPHIE PAR L'IMAGE ET LA CARTE *fait suite au* Cours Préparatoire *et le développe.*

On s'y est proposé le même but : vous habituer à observer et à réfléchir, en mettant sous vos yeux une illustration *abondante et soignée.*

Les IMAGES *sont destinées à rendre le texte plus compréhensible, et même à le compléter par les courtes légendes ou lectures explicatives qui les accompagnent.*

Les CARTES, *que l'on a cherché à rendre simples et claires, ne renferment aucun mot qui ne soit contenu dans le texte de la leçon.*

Leur netteté vous permettra de vous rendre un compte plus exact des formes géographiques ; mais surtout, elle vous facilitera la recherche des noms étudiés dans le texte ; cette recherche sera encore favorisée par la disposition des leçons qui tiennent toujours en une page ou en deux pages se faisant face.

Un EXERCICE D'OBSERVATION *commence la leçon ; il porte sur l'étude des gravures et des cartes.*

Les questions dont il se compose sont destinées à diriger cette étude, en vous amenant à faire un examen attentif de l'illustration placée sous vos yeux.

Cet exercice est d'une grande importance, puisque les images et les cartes remplacent la vue directe de la nature et des produits de l'activité humaine qu'il s'agit d'étudier.

Quand une leçon y donne lieu, l'exercice d'observation s'étend à la GÉOGRAPHIE LOCALE. *Des questions sur ce sujet ne peuvent être proposées, on le comprend, qu'à titre d'exemples. Votre professeur les complétera et les adaptera à votre localité.*

Le TEXTE, *qui suit, condense et précise les notions que l'exercice d'observation vous a fait acquérir. Il est assez succinct pour que vous puissiez le confier à votre mémoire.*

Un QUESTIONNAIRE *détaillé correspond au texte. Il vous permettra de vous interroger vous-mêmes comme pourra le faire votre professeur au moment de la récitation.*

Un DEVOIR ÉCRIT *termine la leçon. Il consiste souvent en un travail de cartographie que vous trouverez préparé dans le* CAHIER DE CROQUIS GÉOGRAPHIQUES, *complément nécessaire de ce Cours Élémentaire.*

Ainsi étudiée avec intelligence et méthode, la Géographie vous fera connaître les multiples aspects de notre habitation terrestre, aménagée et embellie par le travail de l'homme, qui a complété, en quelque sorte, l'œuvre du Créateur ; de plus, en vous mettant en face des magnificences de la nature, elle excitera votre admiration et provoquera votre reconnaissance envers Dieu, l'auteur de tant de richesses et de beautés.

TABLE DES MATIÈRES

1re Leçon. — L'UNIVERS

1. — Distances et grandeurs comparées.

Une prune de 25 mm. de diamètre, placée à 75 cm. d'un petit pois de 7 mm. de diamètre, et à 291 mètres d'un arbuste en boule de 2m70 de diamètre, représentent les volumes et les distances de la Terre à la Lune et au Soleil avec des proportions 500 millions de fois plus petites.

2. — Le Ciel et les Astres.

Le ciel, ou l'espace, parait s'étendre comme une voûte au-dessus de nos têtes. Sur cette voûte, on voit le Soleil durant le jour, la Lune et les étoiles pendant la nuit. l'Étoile polaire paraît conserver toujours la même place dans le ciel, tandis que les autres étoiles semblent tourner autour d'elle.

Exercice d'observation. — *1. Lisez la légende placée sous la 1re image. — 2. Des trois corps célestes : le Soleil, la Terre et la Lune, quel est le plus volumineux ? – Quel est le plus petit ? — 3. La Terre et la Lune sont-elles assez éloignées pour que le Soleil puisse passer entre ces deux astres ? — 4. Lisez la légende placée sous la 2e image. — 5. Comment s'appelle cette voûte qui semble s'étendre au-dessus de nos têtes ? — 6. Que voit-on sur cette voûte pendant le jour ? — ...pendant la nuit, quand le temps est clair ? — 7. Quelle est l'Etoile qui paraît toujours conserver la même place dans le ciel ? — 8. De quel côté est l'Étoile polaire par rapport à la classe ?*

Texte. — 1. Objet de la Géographie. — La **Géographie** est la description de la Terre. Elle étudie sa position dans l'univers, sa forme et ses dimensions, sa composition et tout ce qui se trouve à sa surface : plaines et montagnes, fleuves et mers, plantes et animaux, pays et peuples.

2. Astres. — Les **astres**, ou corps célestes, sont des masses, à peu près sphériques, qui se meuvent dans l'espace indéfini appelé ciel.

Le **ciel** est sans bornes connues, mais il paraît s'étendre comme une voûte au-dessus de nos têtes.

Il y a **deux sortes d'astres** : les uns, comme le Soleil et les étoiles, brillent par eux-mêmes ; les autres, comme la Terre et la Lune, reçoivent leur lumière du Soleil.

L'univers est l'ensemble des astres et de l'espace dans lequel ils se meuvent.

3. Soleil. — Le **Soleil** est un immense globe de feu qui éclaire et échauffe la Terre et la Lune. Il est 1.300.000 fois plus gros que la Terre dont il est éloigné de 150 millions de kilomètres.

4. Étoiles. — Les **étoiles** sont des astres lumineux comme le Soleil. Leur volume est immense, mais leur prodigieux éloignement nous les fait paraître comme de simples points brillants.

Il y a des millions d'étoiles. Pour se reconnaître dans cette immense multitude, on a divisé les étoiles en groupes appelés **constellations**.

La Grande Ourse et la Petite Ourse sont des constellations formées chacune de sept étoiles.

L'**Étoile polaire** est une étoile qu'on voit toujours à la même place dans le ciel, alors que les autres étoiles semblent tourner autour d'elle. Elle fait partie de la constellation de la Petite Ourse.

Questionnaire. — 1. Qu'est-ce que la Géographie? — Qu'étudie-t-elle ? — 2. Qu'est-ce que les astres ? — Le Ciel est-il bien étendu ? — Comment nous paraît-il ? — Combien y a-t-il de sortes d'astres? — Nommez-les. — Qu'est-ce que l'Univers? — 3. Qu'est-ce que le Soleil ? — Quelle est sa grosseur comparée à celle de la Terre ? — De combien de kilomètres est-il éloigné de la Terre ? — 4. Qu'est-ce que les étoiles ? — Y a-t-il beaucoup d'étoiles ? — Qu'a-t-on fait pour se reconnaître dans cette immense multitude d'étoiles ? — Nommez deux constellations. — Qu'est-ce que l'Étoile polaire ? — De quelle constellation fait-elle partie ?

Devoir écrit. — *1. Exercice 1er du Cahier de Croquis géographiques. — 2. Répondez par écrit aux questions 2, 3, 6 et 7 de l'exercice d'observation.*

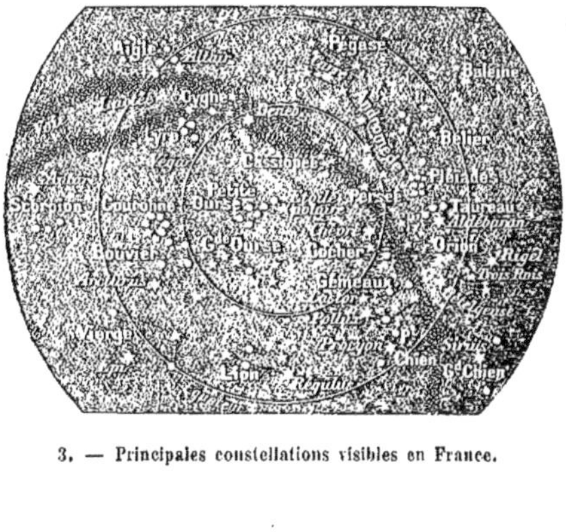

3. — Principales constellations visibles en France.

2e Leçon. — LA TERRE ET LA LUNE

1. — La Lune vue de la Terre. La Terre vue de la Lune.

Si nous étions sur la Lune, la Terre nous apparaîtrait dans le ciel, ronde et brillante comme nous y voyons la Lune, mais beaucoup plus volumineuse. Nous constaterions que la Lune a des montagnes circulaires semblables aux cratères de nos volcans.

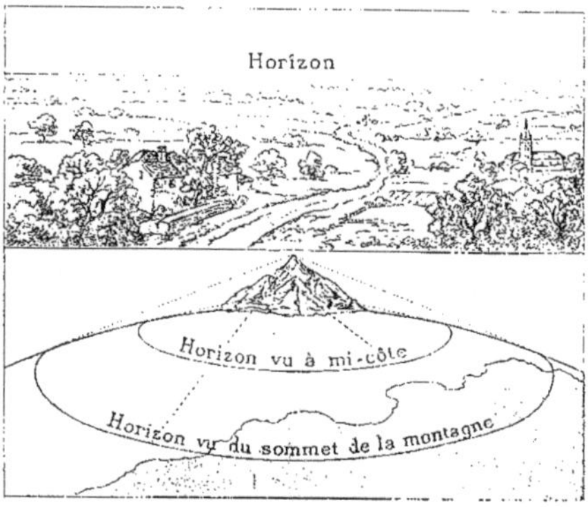

2. — L'Horizon.

C'est parce que la Terre est ronde qu'on ne peut voir à la fois qu'une petite partie de sa surface. La ligne ou le cercle qui borne notre vue au loin est appelé *horizon* : c'est sur cette ligne que la voûte du ciel semble poser ; à mesure que l'on s'élève l'horizon s'élargit.

Exercice d'observation. — 1. *Lisez la légende placée sous la première image.* — 2. *Si nous étions sur la Lune, comment verrions-nous la Terre ?* — 3. *Lisez la légende placée sous la 2e image.* — 4. *Pourquoi ne peut-on voir à la fois qu'une petite partie de la surface de la Terre ?* — 5. *Comment appelle-t-on ce cercle qui borne notre vue au loin ?* — *...celui où le ciel semble poser sur la Terre ?* — 6. *Que devient l'horizon lorsqu'on s'élève ?* — 7. *Quels sont les mouvements de la toupie représentée dans la 3e image ?* — 8. *Toute la toupie est-elle éclairée à la fois ?* — 9. *Quelle est la partie éclairée ?* — 10. *Que représente la toupie tournant sur elle-même et autour de la bougie ?* — 11. *Lisez les noms écrits sur la 4e image et la légende placée au-dessous.* — 12. *Même exercice pour la 5e image.* — 13. *Nommez les deux mois pendant lesquels les deux pôles sont également exposés au soleil.* — 14. *Quel est le pôle le plus tourné vers le soleil en été ?* — *... en hiver ?* — 15. *Lisez les noms écrits sur la 6e image et la légende placée au-dessous.* — 16. *Même exercice pour la 7e et la 8e image.*

Texte. — **1. Forme de la Terre.** — La Terre est ronde comme une boule. On peut en faire le tour, de même qu'une fourmi fait le tour d'une orange.

L'horizon est le cercle qui borne notre vue au loin, et semble réunir le ciel et la terre, il est formé par la courbure de la Terre ; il recule à mesure qu'on avance et s'élargit à mesure qu'on s'élève.

La Terre n'a aucun appui, elle se soutient et se meut dans l'espace comme un ballon dans l'air.

2. Ses dimensions. — La Terre a 40.000 kilomètres de tour : c'est-à-dire 40 fois la longueur de la France du Nord au Sud.

Sa surface est environ 1.000 fois celle de la France.

3. Ses mouvements. — La Terre n'est pas immobile : elle a deux mouvements réels qui correspondent aux deux mouvements apparents du soleil.

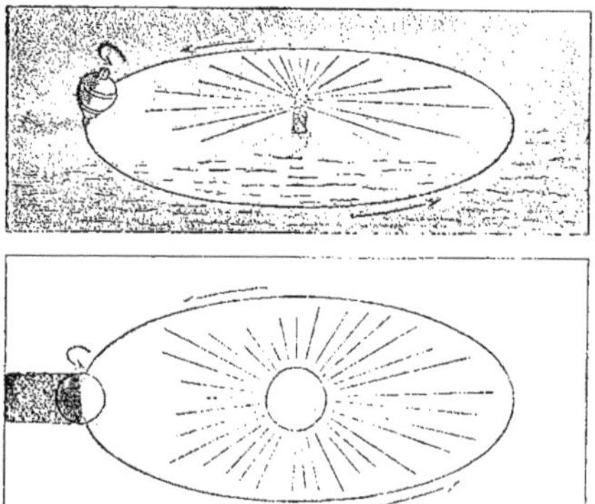

3. — Une toupie qui tourne en même temps sur elle-même et autour d'une bougie, représente la Terre tournant sur elle-même et autour du Soleil.

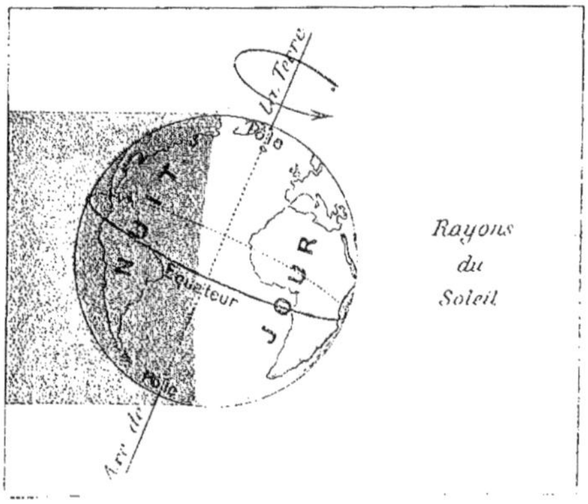

4. — La Terre est éclairée par les rayons du Soleil. Dans la partie tournée vers le Soleil, il fait jour ; dans la partie opposée, il fait nuit.

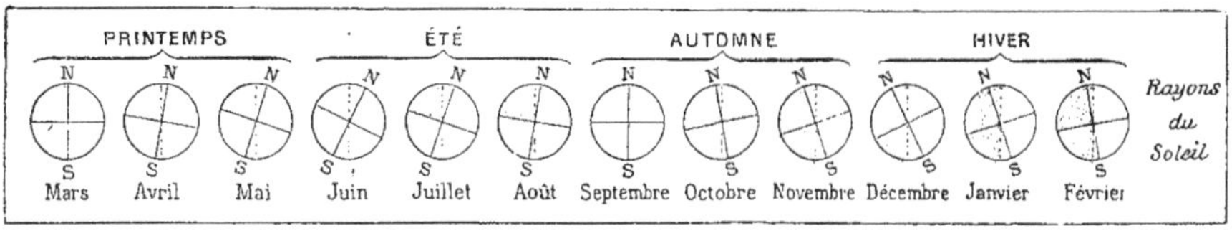

5. — Position de la Terre, par rapport au Soleil, au 21 ou 22 de chaque mois.

1° Le Soleil semble faire, tous les jours, le tour de la Terre de l'Est à l'Ouest : en réalité, c'est la Terre qui tourne sur elle-même de l'Ouest à l'Est, en un *jour* de 24 heures.

2° Le Soleil semble se déplacer dans le ciel par rapport aux étoiles : en réalité, c'est la Terre qui tourne autour du Soleil en une *année* de 365 jours. Une toupie tournant sur sa pointe et autour d'une bougie représente ces deux mouvements de la Terre.

4. Son mouvement sur elle-même. — Le mouvement de la Terre sur elle-même produit **la succession du jour et de la nuit**, car dans ce mouvement, tous les points de la surface de la Terre viennent successivement en face du soleil. Il fait *jour* sur la moitié éclairée, et il fait *nuit* sur l'autre moitié.

L'axe de la Terre est la ligne imaginaire autour de laquelle la Terre tourne sur elle-même.

Les **pôles** sont les deux points opposés où l'axe perce la surface de la Terre.

Le **pôle nord** est tourné vers l'Étoile polaire ; le **pôle sud** est à l'opposé.

5. Son mouvement autour du Soleil. — Le mouvement de la Terre autour du Soleil produit **l'inégalité des jours et des nuits** et **la succession des saisons,** car dans ce mouvement, la Terre expose au Soleil tantôt l'hémisphère nord, tantôt l'hémisphère sud.

Il y a **quatre saisons** : le printemps, l'été, l'automne et l'hiver.

Au **printemps** et en **automne**, les deux hémisphères sont à peu près également tournés vers le soleil, les jours sont presque égaux aux nuits, et la chaleur est douce.

En **été**, l'hémisphère nord est tourné vers le Soleil, les jours sont plus longs que les nuits et la chaleur est forte. Le contraire a lieu dans l'hémisphère sud.

En **hiver**, l'hémisphère nord est tourné à l'opposé du Soleil, les jours sont plus courts que les nuits, et il fait froid. Le contraire a lieu dans l'hémisphère sud.

Chaque **saison** comprend **trois mois** :

Mars, Avril, Mai, pour le *Printemps* ;

Juin, Juillet, Août, pour l'*Été* ;

Septembre, Octobre, Novembre, pour l'*Automne* ;

Décembre, Janvier, Février, pour l'*Hiver*.

6. Lune. — **La Lune est un astre,** comme la Terre, mais elle est plus petite. Elle nous paraît aussi grosse que le Soleil parce qu'elle est beaucoup moins éloignée de nous.

Le diamètre de la Lune n'est que le quart environ de celui de la Terre, tandis que le diamètre du Soleil égale 109 fois celui de la terre. La distance de la Lune à la Terre égale 30 diamètres terrestres ; celle du Soleil à la Terre est de 11.700 diamètres terrestres.

La Lune nous éclaire pendant la nuit en nous renvoyant la lumière qu'elle reçoit du Soleil.

Les **phases** de la Lune sont les divers aspects qu'elle présente à notre vue.

Les principales phases sont :

La Nouvelle Lune (*un cercle obscur*) ;

Le Premier Quartier (*un demi-cercle éclairé, en forme de* D) ;

La Pleine Lune (*un cercle éclairé en entier*) ;

Le Dernier Quartier (*un demi-cercle éclairé en forme de* C).

Questionnaire. — **1.** Quelle est la forme de la Terre ? — Quelle preuve a-t-on de cette forme ? — Qu'est-ce que l'horizon ? Par quoi est-il formé ? Quand est-ce qu'il s'élargit ? — La Terre a-t-elle un appui ? — **2.** Combien la Terre a-t-elle de kilomètres de tour ? Combien cela fait-il de fois la longueur de la France du Nord au Sud ? — Quelle est l'étendue de la Terre comparée à la France ? — **3.** La Terre est-elle immobile ? — Quels sont ses mouvements ? — **4.** Que produit le mouvement de la Terre sur elle-même ? Pourquoi ? — Qu'est-ce que l'axe de la Terre ? — ... les pôles ? — Quels sont-ils ? — **5.** Que produit le mouvement de la Terre autour du Soleil ? Pourquoi ? — Combien y a-t-il de saisons ? Nommez-les. — Quelle est la position des hémisphères par rapport au Soleil, la durée des jours et des nuits, et la chaleur : au printemps et en automne ? —...en été ? —...en hiver ? — Combien chaque saison comprend-elle de mois ? Nommez-les par saison. — **6.** Qu'est-ce que la Lune ? — Pourquoi nous paraît-elle aussi grosse que le Soleil ? — Quels sont les diamètres de la Lune et du Soleil comparés à celui de la Terre ? — Quelles sont les distances de la Terre à la Lune et au Soleil en diamètres terrestres ? — Comment la Lune nous éclaire-t-elle pendant la nuit ? — Pourquoi nous apparaît-elle sous différents aspects ? — Qu'est-ce que les phases de la Lune ? — Quelles sont les principales ?

Devoir écrit. — 1. *Exercices 2, 3, 4, 5, 6 et 7 du Cahier de Croquis.* — 2. *En représentant la Terre par une bille d'un centimètre de diamètre : 1° quel serait le diamètre des objets qui représenteraient la Lune et le Soleil ? 2° à quelle distance de la bille faudrait-il placer ces objets ?*

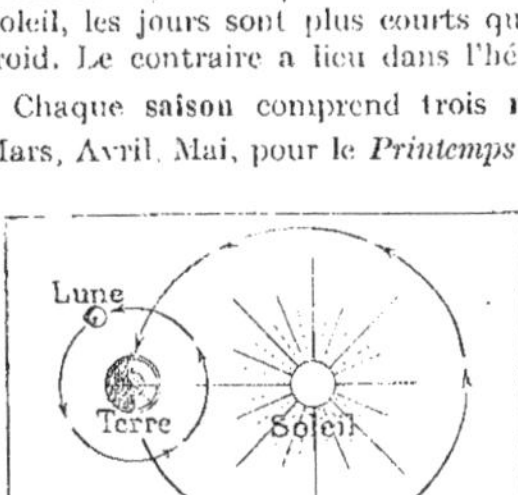

6. Positions du **Soleil**, de la **Terre** et de la **Lune** comme on les verrait de l'Étoile polaire.

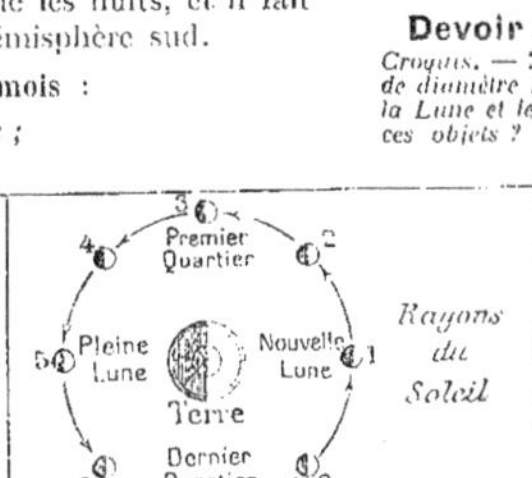

7. Différentes positions de la **Lune** par rapport à la **Terre** et aux rayons solaires, comme on les verrait de l'Étoile polaire.

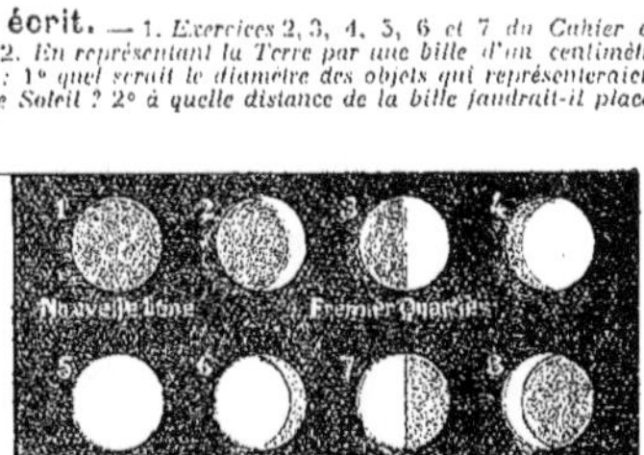

8. **Huit phases de la Lune,** telles qu'on les voit de la Terre. (Les numéros de cette gravure correspondent à ceux de la précédente.)

3e Leçon. — COMMENT SE DIRIGER SUR LA TERRE ?

1. — On s'oriente pendant le jour au moyen du Soleil, pendant la nuit au moyen de l'Étoile polaire, et en tout temps au moyen de la Boussole.

Exercice d'observation. — *1. Lisez la légende placée sous la 1re image. — 2. Dans les deux parties de cette image quel point de l'horizon l'enfant a-t-il devant lui ? — ...derrière lui ? — ...à sa droite ? — ...à sa gauche ? — 3. Qu'est-ce qui indique la direction de l'Ouest dans la partie gauche de l'image ? ...la direction du Nord dans la partie droite ? — 4. De quel côté de la classe voit-on l'Etoile polaire pendant la nuit ? — 5. Par rapport à la classe, où se trouve le Soleil à son lever ? — ...à midi ? — ...à son coucher ? — 6. Lisez les mots écrits sur la 4e image et la légende placée au-dessous. — 7. Que représente cette orange et l'aiguille qui la traverse ? — 8. Que tracent les couteaux en découpant l'orange dans la figure d'en haut ? ...et dans celle d'en bas ? — 9. Lisez les mots écrits sur la 3e image et la légende placée au-dessous. — 10. Pourquoi l'Equateur et les parallèles sont-ils ainsi appelés ? — 11. Lisez les mots écrits sur la 5e image et la légende placée au-dessous. — 12. Pourquoi les méridiens sont-ils ainsi appelés ? — 13. Lisez les mots écrits sur la 6e image.*

Texte. — **1. Moyens de se diriger sur la Terre.** — Pour se diriger sur l'immense surface de la Terre on se sert des points cardinaux et des cercles de la sphère.

2. Points cardinaux et collatéraux. — Les **points cardinaux** sont les quatre points principaux de l'horizon : l'Est, le Sud, l'Ouest et le Nord.

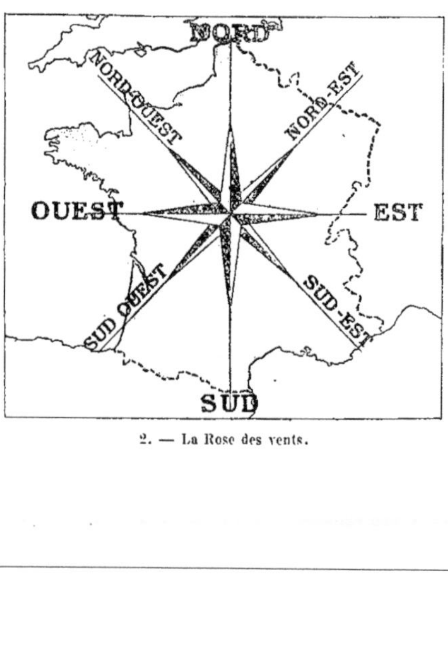

2. — La Rose des vents.

L'Est, appelé aussi *Orient* ou *Levant,* est le côté de l'horizon où le Soleil se lève.

Le Sud, appelé aussi *Midi,* est le côté de l'horizon où se trouve le Soleil à midi.

L'Ouest, appelé *Occident* ou *Couchant,* est le côté de l'horizon où le Soleil se couche.

Le Nord ou *Septentrion* est le côté de l'horizon opposé au Sud. La nuit, il est indiqué par l'Étoile polaire.

Les points collatéraux sont des positions intermédiaires situées entre les points cardinaux. Ce sont : le **Nord-Est** entre le Nord et l'Est ; le **Nord-Ouest** entre le Nord et l'Ouest ; le **Sud-Est** entre le Sud et l'Est ; le **Sud-Ouest,** entre le Sud et l'Ouest.

Les points cardinaux et les points collatéraux s'indiquent en abrégé par la première lettre de leur nom : N pour Nord,... N-E pour Nord-Est....

4. Orientation. — **S'orienter** c'est reconnaître la direction de l'Orient et des autres points cardinaux.

On s'oriente de trois manières différentes :

1° Pendant le jour, *au moyen du Soleil :* le matin, il se trouve à l'Est ; à midi, au Sud ; le soir, à l'Ouest.

2° Pendant la nuit, *au moyen de l'Étoile polaire* qui indique le Nord.

3° En tout temps, *au moyen de la boussole* dont l'aiguille aimantée se tourne toujours vers le Nord.

La Rose des vents est une figure qui indique la direction des points cardinaux et des points collatéraux.

Sur les cartes, on place le Nord en haut, le Sud en bas, l'Est à droite et l'Ouest à gauche.

5. Cercles de la Sphère. Les *cercles de la sphère* sont des lignes imaginaires que l'on suppose exister sur la surface de la terre. Ils se divisent en *grands cercles* et en *petits cercles.*

Les *grands cercles* partagent la sphère terrestre en deux parties égales : ce sont *l'équateur* et les *méridiens.*

Les *petits cercles* partagent la sphère en deux parties inégales ; on leur donne le nom de *parallèles,* parce qu'ils sont parallèles à l'équateur.

Chaque cercle se divise en 360 parties égales, appelées *degrés* (360°) : le degré se divise en 60 *minutes* (60′) et la minute en 60 *secondes* (60″).

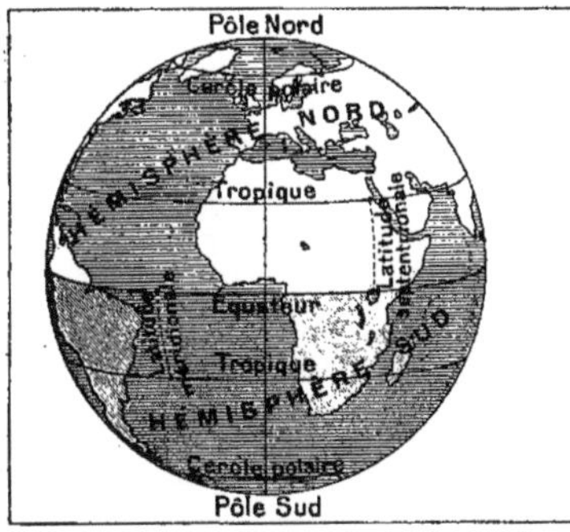

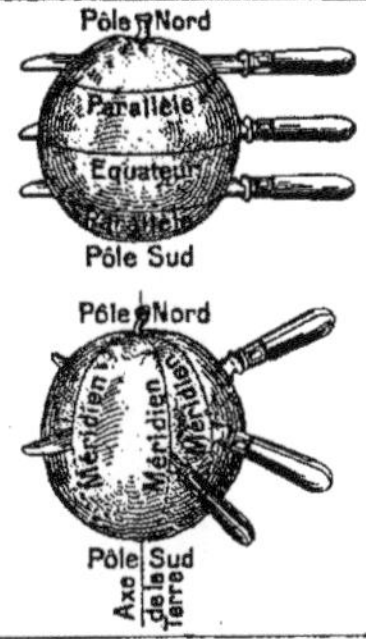

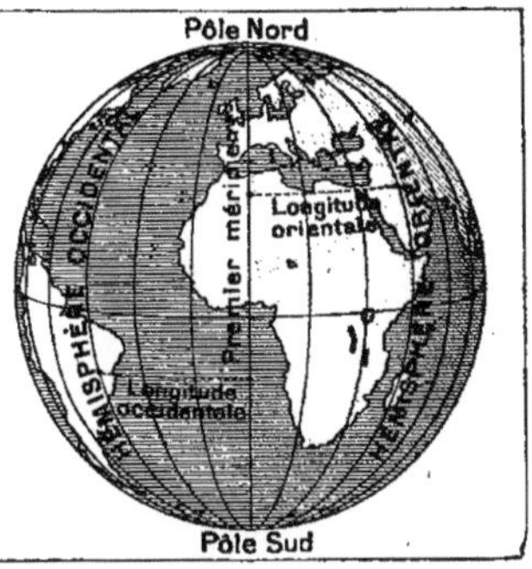

3. — Les Parallèles sont des cercles ainsi appelés parce qu'ils **sont parallèles entre eux. Ils sont d'autant plus petits qu'ils se rapprochent davantage des pôles.** Les principaux parallèles **sont : l'équateur,** les deux tropiques et les deux cercles polaires. **L'équateur est à égale distance des deux pôles.**

4. — Cette orange figure la terre ; son *axe* est représenté par l'aiguille qui la traverse ; les points d'entrée et de sortie de cette aiguille représentent *les pôles.*

Dans la 1ʳᵉ figure, les couteaux découpent l'orange en *cercles parallèles.*

Dans la 2ᵉ figure, les couteaux se croisent en glissant le long de l'aiguille ; chacun coupe l'orange en deux moitiés ; ils tracent des *méridiens.*

Méridiens et parallèles sont des cercles de la sphère : ceux qui passent par le centre sont des **grands cercles,** les autres sont des petits cercles.

5. — Les Méridiens, dont le nom signifie milieu du jour, **sont ainsi appelés parce qu'il est midi à la fois d'un pôle à l'autre sur la moitié d'un même méridien.**

Les méridiens **ne sont pas parallèles : ils se rencontrent tous aux pôles ; ils divisent la surface de la Terre à la façon des côtes d'un melon ou des quartiers d'une orange.**

La *valeur d'un degré* en kilomètres est la même pour tous les grands cercles, environ 111 kilomètres (40.000 km. : 360° = 111 km. 111) ; elle varie d'un petit cercle à un autre.

6. Équateur et Parallèles. — L'Équateur est un grand cercle qui passe à égale distance des deux pôles. Il divise la sphère en deux moitiés : l'*hémisphère nord* et l'*hémisphère sud.*

Les parallèles sont des petits cercles, parallèles à l'équateur. Ils déterminent la *latitude.*

La latitude d'un lieu est la distance en degrés de ce lieu à l'équateur.

Les parallèles qui ont des noms particuliers sont les deux *tropiques* et les deux *cercles polaires.* Ils limitent les *zones terrestres.*

7. Zones terrestres. — Les **zones terrestres** sont de grandes bandes circulaires limitées par les tropiques et les cercles polaires ; elles sont caractérisées par des températures différentes.

Il y a cinq zones : **la zone torride** ou très chaude s'étend de chaque côté de l'équateur jusqu'aux tropiques ; les **deux zones tempérées** sont comprises entre les tropiques et les cercles polaires ; les **deux zones glaciales** sont situées autour des pôles et s'étendent jusqu'aux cercles polaires.

8. Méridiens. — Les **méridiens** sont des grands cercles qui passent par les pôles. Ils déterminent la *longitude.*

Chaque méridien partage la sphère en deux moitiés : l'*hémisphère oriental* et l'*hémisphère occidental.*

La longitude d'un lieu est la distance en degrés de ce lieu au premier méridien.

Questionnaire. — **1.** De quoi se sert-on pour se diriger sur l'immense surface de la Terre ? — **2.** Qu'est-ce que les points cardinaux ? — Quels sont-ils ? — Qu'est-ce que l'Est ? — ...le Sud ? — ...l'Ouest ? — ...le Nord ? — Qu'est-ce que les points collatéraux ? — Quels sont-ils ? — Comment indique-t-on en abrégé les points cardinaux et collatéraux ? — **3.** Qu'est-ce que s'orienter ? — Comment s'oriente-t-on : 1° pendant le jour ? — ...2° pendant la nuit ? — ...3° en tout temps ? — Qu'est-ce que la Rose des vents ? — Où place-t-on les points cardinaux sur les cartes ? — **4.** Qu'appelle-t-on cercles de la sphère ? — Comment se divisent-ils ? — Comment les grands cercles partagent-ils la sphère ? — Quels sont-ils ? — Comment les petits cercles partagent-ils la sphère ? — Quel nom leur donne-t-on ? — Comment chaque cercle se divise-t-il ? — Quelle est la valeur d'un degré en kilomètres ? — **5.** Qu'est-ce que l'Équateur ? — Comment divise-t-il la sphère ? — Qu'est-ce que les parallèles ? — Que déterminent-ils ? — Qu'est-ce que la latitude d'un lieu ? — Combien compte-t-on de degrés de latitude ? — Quels sont les parallèles qui ont reçu des noms particuliers ? — Que limitent-ils ? — **6.** Qu'est-ce que les zones terrestres ? — Par quoi sont-elles caractérisées ? — Combien y a-t-il de zones ? — Nommez-les. — Dites leur situation. — **7.** Qu'est-ce que les méridiens ? — Que déterminent-ils ? — Comment chaque méridien partage-t-il la sphère ? — Qu'est-ce que la longitude ? — Combien compte-t-on de degrés de longitude ?

Devoir écrit. — 1. *Exercices* 8, 9 10, 11, 12 *et* 13 *du Cahier de Croquis.* — 2. *Nommez un monument, un quartier ou une rue, au nord de l'école ? — ...au sud ? — ...à l'est ? — ...à l'ouest ? —* 3. *Nommez deux localités au sud de l'école et indiquez leur position l'une par rapport à l'autre.* — 4. *Quel cercle de la sphère suivriez-vous en allant du Nord au Sud ? — ...de l'Est à l'Ouest ?*

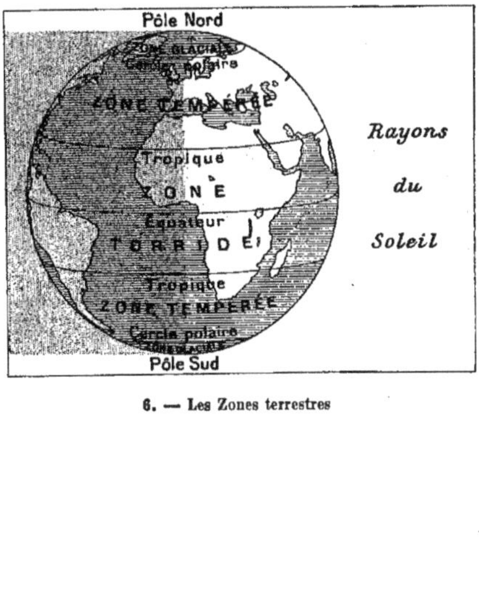

6. — Les Zones terrestres

4ᵉ Leçon. — REPRÉSENTATION DE LA TERRE : GLOBES ET CARTES

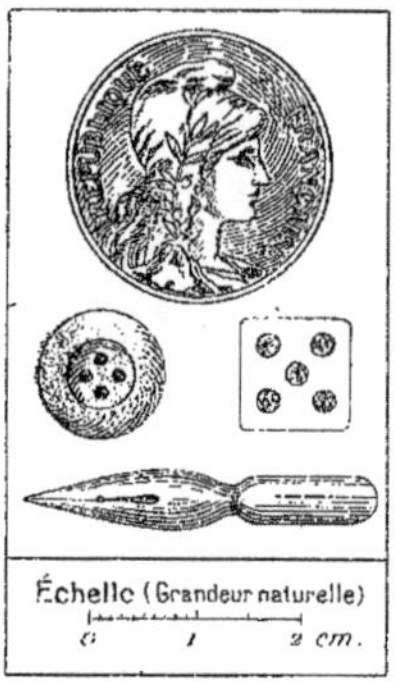

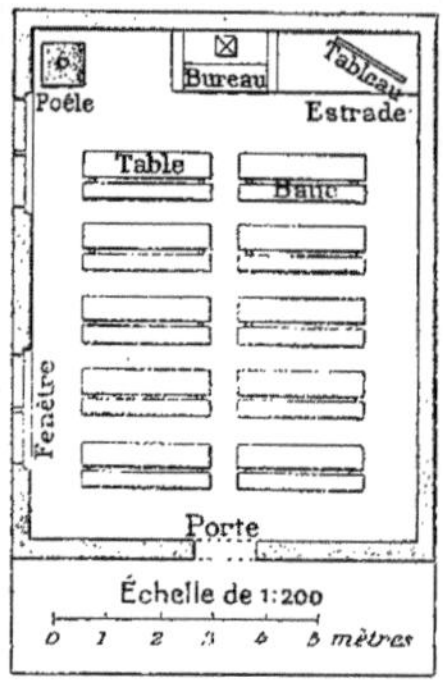

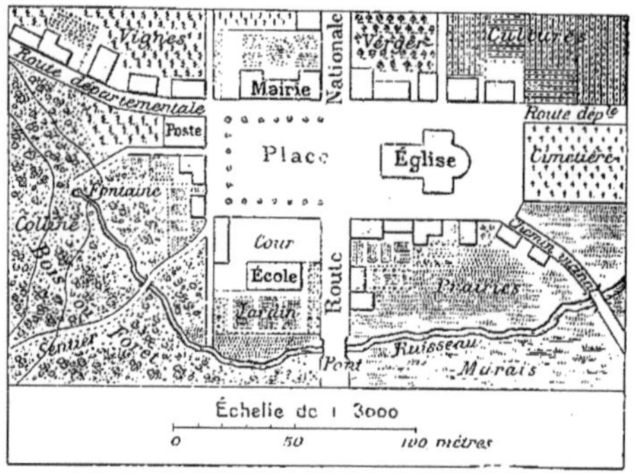

1. Une pièce de 10 centimes, un bouton, un dé, une plume, vus par-dessus.

Ces dessins sont des *plans* de même grandeur que les objets représentés. Ils sont de grandeur naturelle.

2. Classe vue d'en haut, comme si on avait enlevé le plafond. Ce dessin est aussi un *plan*. La classe a 10 mètres de long sur 8 mètres de large ; on l'a représentée par un rectangle de 5 cm. sur 4 cm. ; les lignes sur le plan sont donc 200 fois plus petites que sur le sol. Un centimètre sur le plan correspond à 200 cm. ou 2 mètres dans la classe. Ce rapport entre les longueurs du plan et celles de la classe s'appelle *échelle* ; l'échelle est ici au deux centième (1 : 200).

3. Les environs d'une école, vus par-dessus ; ce dessin est encore un *plan* mais à une échelle plus petite, au trois millième (1 : 3.000), 1 mm. sur le plan correspond à 3.000 mm. ou à 3 m. sur le terrain.

Exercice d'observation. — 1. *Lisez l'explication de la 1ʳᵉ image.* — 2. *Ainsi qu'il est fait pour la pièce de deux sous, la plume et le bouton, tracez au tableau le plan de votre livre fermé, puis ouvert, de grandeur naturelle.* — 3. *Mesurez la longueur de la table ; sa largeur.* — *Pouvez-vous faire son plan de grandeur naturelle au tableau?* — *Faites-le 10 fois plus petit.* — 4. *Lisez l'explication de la 2ᵉ image.* — 5. *Mesurez la longueur de la classe, sa largeur.* — *Faites-en le plan au tableau en prenant 1 dm. pour 10 dm. ou 1 mètre.* — *A quelle échelle est votre plan ?* — 6. *Lisez l'explication de la 3ᵉ image.* — 7. *Quelle est la longueur de la place, depuis la poste jusqu'au cimetière ?* — *Quelle est la distance en ligne droite, de la fontaine jusqu'au pont du chemin vicinal ?* — 8. *Où est située l'église par rapport à l'école ?* — *...la mairie par rapport à l'église ?* — *...la fontaine par rapport à l'église ?* — 9. *Faites au tableau le plan des environs de notre école.* — 10. *Lisez les mots écrits sur la 4ᵉ image et l'explication qui est au-dessous.* — 11. *A quelle échelle est ce plan ?* — 12. *Quelle distance y a-t-il de la colonne Vendôme à la cathédrale ?* — 13. *Lisez les mots écrits sur la 5ᵉ image et l'explication qui est au-dessous.* — 14. *A quelle échelle est cette carte ?* — 15. *Quelle distance y a-t-il du centre de Paris (la Cité), au centre de Versailles ?* — 16. *Lisez les mots écrits sur la 6ᵉ image et l'explication qui est au-dessous.* — 17. *A quelle échelle est cette carte ?* — 18. *Quelle distance y a-t-il de Paris à Rouen ?* — 19. *Lisez l'explication de la figure 7.* — 20. *Que représente le bleu ?* — *...la courbe marquée 0 ?* — 21. *Lisez l'explication de la figure 8.* — 22. *Que représente la courbe marquée 300 ?* — *... la surface coloriée en vert?* — 23. *Lisez l'explication de la figure 9.* — 24. *Que représente la courbe marquée 1.000 ?* — *...la surface coloriée en orangé ?* — 25. *Que représente l'intérieur de la courbe colorié en rouge ?* — 26. *Les teintes : bleu jaune, rouge indiquent-elles un terrain plat ou en pente ?* — 27. *Faut-il descendre ou monter, pour aller de la courbe 300 à la courbe 0 ?* — *...et pour aller de la courbe 300 à la courbe 1.000 ?*

Texte. — **1. Manières de représenter la Terre.** — On représente la Terre par des **globes terrestres**, et les détails de sa surface par des **plans** et des **cartes**.

2. Globes terrestres. — Les **globes terrestres** sont des sphères qui représentent la Terre, et sur lesquelles on a dessiné les grandes divisions géographiques. Ils donnent une idée assez exacte de la terre, puisqu'ils sont ronds comme elle ; mais, comme ils ne peuvent être très grands, on est obligé de représenter les détails de la surface de la Terre au moyen de plans et de cartes géographiques.

3. Plans et échelles. — Un **plan** est le dessin d'un objet vu par-dessus.

4. — Plan du Centre de Paris.

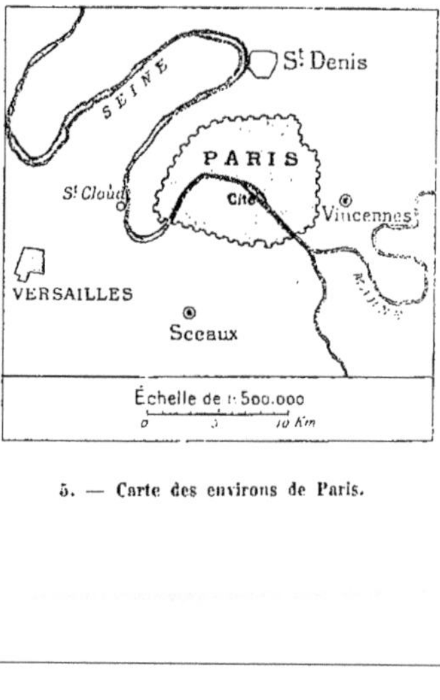

5. — Carte des environs de Paris.

6. — Carte de la région de Paris.

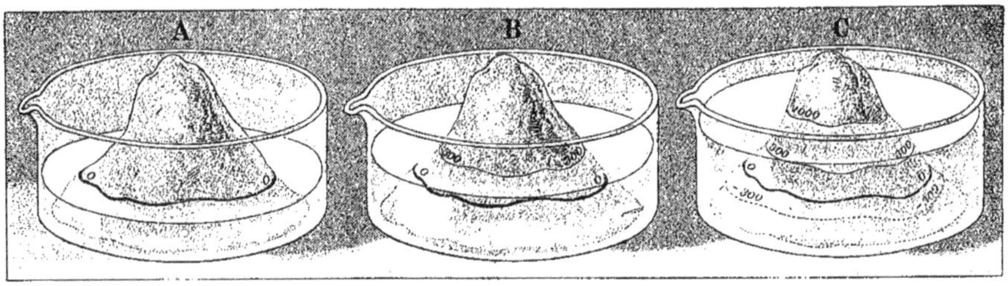

7. Une pierre placée au milieu d'un bassin contenant un peu d'eau, représente une île.

8. On ajoute de l'eau, la partie basse de la pierre est recouverte, le niveau s'élève et forme un nouveau rivage indiqué par la cote 300.

9. Le bassin est presque rempli d'eau, la partie moyenne de la pierre est recouverte, le niveau forme un rivage indiqué par la cote 1000.

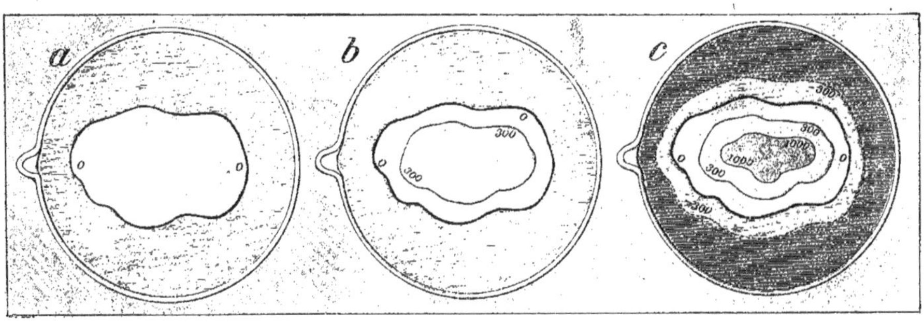

a) **Plan de la figure A.** — Le bleu représente l'eau ou la mer ; la ligne 0 est le rivage. Le niveau de la mer est toujours indiqué par la cote 0.

b) **Plan de la figure B.** — Le vert, situé entre les lignes de rivage 0 et 300, représente la partie basse de la pierre actuellement recouverte d'eau.

c) **Plan de la figure C.** — L'orangé entre les cotes 300 et 1000 représente la partie moyenne de la pierre, recouverte d'eau ; le rose, à l'intérieur de la cote 1000, représente la partie sèche.

L'échelle d'un plan est le rapport qu'il y a entre les longueurs des lignes du plan et les longueurs réelles de l'objet qu'il représente. Dire qu'une échelle est au millième, signifie qu'un millimètre sur le plan représente mille millimètres, ou un mètre, sur le sol.

On indique l'échelle par deux chiffres séparés, soit par un trait, soit par deux points ; ou bien par une droite divisée en parties égales figurant chacune un certain nombre de mètres ou de kilomètres.

Ainsi l'échelle au cinquante millième s'indique par 1/50.000 ; ou par 1 : 50.000 ; ou bien par une ligne divisée en centimètres qui représentent chacun 500 mètres. (*Voir 4e image.*)

Une échelle au 1 : 50.000 est plus grande qu'une échelle au 1 : 80.000, et plus petite qu'une échelle au 1 : 30.000 pour la même raison qu'un cinquième est plus grand qu'un huitième et plus petit qu'un tiers.

4. Cartes et Atlas. — Une carte est un plan à petite échelle : ainsi on fait le plan d'une maison, d'une propriété, d'une localité ; mais on fait la carte d'un département, d'une région, d'un pays.

La **mappemonde** (*le monde sur une nappe*), ou le **planisphère** (*la sphère sur un plan*), est une carte qui représente toute la surface de la Terre, soit en deux hémisphères (*voir page* 10), soit sous la forme d'une ellipse dont la longueur égale deux fois la largeur (*voir page* 56.)

Un **atlas** est un livre qui contient des cartes géographiques.

5. Représentation du relief du sol. — **Le relief du sol** est l'ensemble des inégalités de la surface de la Terre.

Sur les cartes géographiques **on représente le relief** du sol par des *teintes conventionnelles*, limitées par des *courbes de niveau*.

Les **courbes de niveau** sont des lignes qui représentent les différents rivages, que formeraient les eaux de la mer, si elles s'élevaient ou s'abaissaient à ces divers niveaux. Ainsi la courbe 0 est le rivage actuel de la mer ; les courbes de 300 et de 1.000 mètres représentent les rivages que formerait la mer si elle s'élevait à 300 ou à 1.000 mètres ; ou bien, lorsqu'il s'agit des profondeurs marines, si la mer baissait de 300 et de 1.000 mètres.

Questionnaire. — 1. Comment représente-t-on la Terre ? — ...les details de sa surface ? — 2. Qu'est-ce que les globes terrestres ? — Quels sont leurs avantages et leurs inconvénients ? — 3. Qu'est-ce qu'un plan ? — Qu'est-ce que l'échelle d'un plan ? — Que signifie l'expression : une échelle au millième ? — Comment représente-t-on l'échelle ? — Comment indique-t-on l'échelle au cinquante millième ? — Une échelle au cinquante millième est-elle plus grande ou plus petite qu'une échelle au quatre-vingt millième ? et qu'une échelle au trente millième ? Pourquoi ? — 4. Qu'est-ce qu'une carte ? — ...une mappemonde ou planisphère ? — ...un atlas ? — 5. Qu'est-ce que le relief du sol ? — Comment représente-t-on le relief sur les cartes géographiques ? — Qu'est-ce que les courbes de niveau ?

Devoir écrit. — 1. *Exercices* 14 *à* 19 *du Cahier de Croquis.* — 2. *Quelle est la longueur d'une table* (2e *image*) ? — *...la longueur de l'église* (3e *image*)? — *Quelle distance y a-t-il entre le Panthéon et la place de la République* (4e *image*)? — *...entre Saint-Cloud et Vincennes* (5e *image*) ? — *...entre Rouen et Auxerre ?* (6e *image*) ?

5e Leçon. — COMPOSITION DU GLOBE TERRESTRE

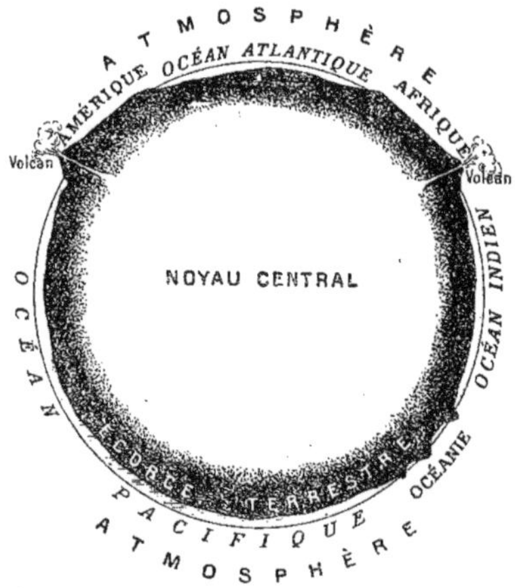

1. — Composition du Globe terrestre.

Le Globe terrestre est formé d'un noyau central que l'on croit incandescent et qu'entoure une enveloppe solide, l'écorce terrestre. Cette écorce est recouverte, aux trois quarts, d'une couche liquide, la mer, et elle est entourée d'une enveloppe gazeuse l'atmosphère.

Exercice d'observation. — 1. *Lisez les noms écrits sur l'image et la légende placée au-dessous.* — 2. *Nommez les parties de l'écorce terrestre non recouvertes par les océans.* — 3. *Quels sont les océans représentés dans cette image ?* — 4. *Par quoi les terres et les mers sont-elles enveloppées ?* — 5. *Que représentent les différentes couleurs dans la Mappemonde ci-dessous ?* — 6. *Lisez les noms des Océans.* — 7. *Lisez les noms des terres diversement coloriées appelées : Parties du Monde.* — 8. *Combien y a-t-il de Parties du Monde ?*

Texte. — **1. Constitution du Globe terrestre.** — Le Globe terrestre se compose de trois parties : le **noyau central**, l'**écorce terrestre** et l'**atmosphère.**

2. Noyau central. — Selon toute apparence, l'intérieur du Globe serait formé de matières en fusion : l'augmentation de température à mesure qu'on pénètre dans le sol, les sources thermales et les matières brûlantes rejetées par les volcans, en paraissent des preuves.

3. Écorce terrestre. — L'écorce terrestre est l'enveloppe extérieure et solide du Globe. Ses parties creuses sont remplies par la *mer*, tandis que ses parties plus élevées forment les *continents* et les *îles*.

4. Continents. — Les **continents** sont ainsi nommés parce qu'ils se *tiennent* sans être séparés par les eaux. Ils ne couvrent que le quart de la surface du Globe.

On compte trois continents : l'**Ancien Continent**, le **Nouveau Continent**, et le **Continent Austral.**

5. Parties du Monde. — Les Continents forment cinq grandes divisions ou **Parties du Monde** :

L'*Europe*, l'*Asie* et l'*Afrique* dans l'Ancien Continent ;
L'*Amérique* ou le Nouveau Continent ;
L'*Océanie* comprenant le Continent Austral ou Australie et un grand nombre d'îles.

6. Océans. — L'*Océan* couvre les trois quarts du Globe. Il est divisé par les Continents en cinq Océans particuliers :

L'*Océan Pacifique* ou *Grand Océan* entre l'Amérique, l'Asie et l'Australie ;
L'*Océan Atlantique*, entre l'Europe, l'Afrique et l'Amérique ;
L'*Océan Indien*, entre l'Afrique, l'Asie et l'Australie ;
L'*Océan Glacial arctique*, autour du pôle Nord ;
L'*Océan Glacial antarctique*, autour du pôle Sud.

Questionnaire. — 1. De quoi se compose le Globe terrestre ? — 2. De quoi serait formé l'intérieur du Globe ? — Donnez-en des preuves. — 3. Qu'est-ce que l'écorce terrestre ? — De quoi sont remplies ses parties creuses ? — Que forment ses parties plus élevées ? — 4. Pourquoi les continents sont-ils ainsi nommés ? — Quelle est leur étendue ? — Combien en compte-t-on ? — 5. Quelles grandes divisions forment les continents ? — Nommez les cinq Parties du Monde ? — Quelle est l'étendue de l'Océan ? — Comment est-il divisé ?

Devoir écrit. — 1. *Exercices 20, 21 et 22 du Cahier de Croquis.* — 2. *Nommez les Océans et les parties du monde que vous traverseriez si vous faisiez le tour du monde en suivant l'Équateur.* 3. *Combien de fois l'Europe est-elle plus petite que l'Afrique ? ...que l'Amérique ? — ...que l'Océan Indien ? — ...que l'Océan Atlantique ? — ...que l'Océan Pacifique ? — ...que toutes les Parties du Monde réunies ? — ...que tous les Océans ensemble ? — ...que le Globe entier ?*

2. — Mappemonde en deux hémisphères. — Étendues comparées des Océans et des Parties du monde, l'Europe prise comme unité.

6e Leçon. — LE RELIEF DU SOL

1. — Relief du sol tel qu'on le voit.

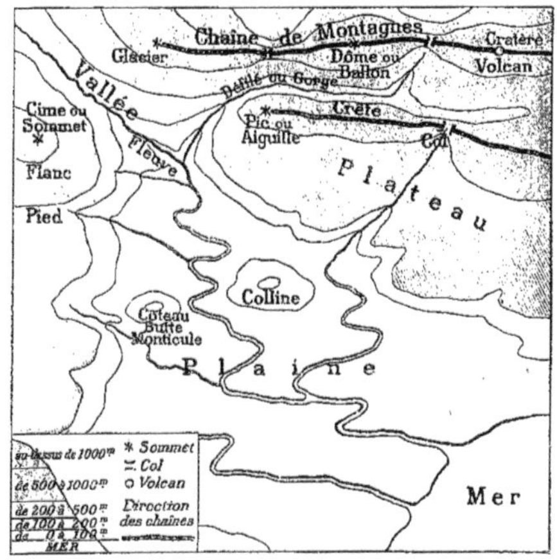

2. — Relief du sol tel qu'on le représente.

Exercice d'observation. — 1. *Qu'y a-t-il d'écrit au-dessous de l'image et de la carte ?* — 2. *Lisez les noms inscrits sur la carte et indiquez les numéros auxquels ils correspondent dans le paysage.* — 3. *Indiquez les numéros du paysage, et dites le nom correspondant, en vous servant de la carte si c'est nécessaire.* — 4. *Couvrez la carte avec une feuille de papier, et dites les noms correspondant aux numéros du paysage.* — 5. *Y a-t-il des plaines, des vallées, des plateaux, des collines ou des montagnes aux environs de notre localité ? — Dites leurs noms et indiquez leur orientation par rapport à l'école.*

Texte. — **1. Relief du sol.** — Le **relief du sol** est l'ensemble des inégalités de la surface de la terre.

L'**altitude** d'un lieu est sa hauteur au-dessus du niveau de la mer.

Les principales **formes du relief** sont : la *plaine*, le *plateau* et la *montagne*.

2. Plaine. — Une **plaine** est une grande étendue de terrain presque plat et de faible altitude. *Ex. :* ...... (1).

Un **plateau** est une plaine élevée, plus ou moins accidentée. *Ex. :* ......

3. Montagne. — Une **montagne** est une grande élévation du sol au-dessus des parties environnantes. *Ex. :* ......

Un **volcan** est une montagne qui lance, par une ouverture appelée *cratère*, des gaz brûlants et des matières fondues nommées *laves*. *Ex. :* ......

Une **petite montagne** s'appelle : *colline*, *butte*, *coteau*, *monticule*. *Ex. :* ......

4. Parties d'une montagne. — Les **trois parties d'une montagne** sont : le *pied*, les *flancs*, le *sommet*.

Le **pied** ou la **base** de la montagne est la partie la plus basse. *Ex. :* ......

Les **flancs** ou les **versants** de la montagne sont les pentes qui s'étendent de la base au sommet. *Ex. :* ......

Le **sommet** ou **cime** est le point le plus élevé. *Ex. :* ......

Une montagne dont le sommet est terminé en pointe se nomme : *pic*, *aiguille*, *dent* ; quand il est arrondi, on l'appelle *ballon* ou *dôme*. *Ex. :* ......

5. Disposition des montagnes. — D'après leur **disposition**, on distingue les *montagnes isolées* et les *montagnes groupées*.

Une **montagne isolée** s'appelle un *mont*. *Ex. :* ......

Les **montagnes groupées** forment des **chaînes** lorsqu'elles sont alignées les unes à la suite des autres, comme les anneaux d'une chaîne ; elles forment des **massifs**, lorsqu'elles sont groupées sans ordre. *Ex. :* ......

La **crête** est la ligne formée par les sommets d'une chaîne de montagnes. *Ex. :* ......

6. Passages entre les montagnes. — Les passages entre les montagnes portent le nom de **cols**, de **gorges** ou de **défilés** lorsqu'ils sont étroits ; de **vallées**, lorsqu'ils sont larges et parcourus par un cours d'eau. *Ex. :* ......

Questionnaire. — 1. Qu'est-ce que le relief du sol ? — Qu'est-ce que l'altitude ? — Quelles sont les principales formes du relief ? — 2. Qu'est-ce qu'une plaine ? — ...un plateau ? — 3. Qu'est-ce qu'une montagne ? — ...un volcan ? — Comment s'appelle une petite montagne ? — 4. Quelles sont les trois parties d'une montagne? — Qu'est-ce que le pied de la montagne? — ...les flancs? — ...le sommet? — Quels noms donne-t-on aux montagnes terminées en pointe ? — ...à celles dont le sommet est arrondi ? — 5. D'après leur disposition, combien distingue-t-on de sortes de montagnes ? — Comment s'appelle une montagne isolée ? — Que forment les montagnes groupées ? — 6. Qu'est-ce que la crête ? — Quel nom donne-t-on aux passages entre les montagnes ? — Comment appelle-t-on ces passages lorsqu'ils sont étroits ? — ...lorsqu'ils sont larges ?

Devoir écrit. — 1. *Exercices 23 et 24 du Cahier de Croquis.* — 2. *Nommez, en indiquant leur orientation par rapport à l'école, la vallée, la plaine, le plateau, la colline ou la montagne les plus rapprochés de la localité.*

(1) C'est à l'élève à fournir l'exemple demandé : il le prendra de préférence dans la géographie locale, ou bien il le montrera sur une carte muette, ou il en dessinera l'image au tableau noir.

7e Leçon. — LA MER

1. — La tempête.

Le vent ride la surface des eaux et forme des vagues. Quand le vent est violent, il y a tempête : alors les vagues peuvent s'élever jusqu'à 15 m. : elles se jettent sur les côtes avec grand fracas ; parfois les navires sont poussés sur les rochers où ils se brisent et font naufrage.

2. — Le rivage à marée haute.

Pendant 6 heures environ, les eaux de la mer s'élèvent, s'avancent vers le rivage et le recouvrent : c'est le flux ou marée montante ; pendant les 6 heures qui suivent, les eaux baissent, se retirent et laissent le rivage à découvert : c'est le reflux ou marée descendante.

3. — Le rivage à marée basse.

En se retirant, les eaux de la mer modifient plus ou moins la forme et l'aspect du rivage. Ici, elles ont transformé un récif en ilot, une île en presqu'île, et un détroit en isthme ; elles ont laissé à découvert une grande plage sablonneuse.

Exercice d'observation. — 1. *Lisez la légende placée sous la 1re image.* — 2. *Qu'est-ce qui produit les tempêtes ?* — 3. *Que deviennent les navires que les vents poussent sur les rochers ?* — 4. *Lisez la légende placée sous la 2e image.* — 5. *Quel temps mettent les eaux pour couvrir ou découvrir le rivage ?* — 6. *Combien y a-t-il de marées montantes et de marées descendantes dans un jour ?* — 7. *Comment appelle-t-on encore la marée montante ? — ...la marée descendante ?* — 8. *Lisez la légende placée sous la 3e image.* — 9. *Comparez la 2e image à la 3e, et dites ce que sont devenus à marée basse, le récif, l'île et le détroit qu'on voyait à marée haute ?*

Texte. — 1. Océan. — La **Mer** ou **Océan** est l'ensemble des eaux salées qui couvrent les trois quarts du Globe.

Une mer est une partie de l'Océan.

L'eau de mer est salée, tandis que l'eau de pluie ou des cours d'eau est douce.

La mer ne déborde pas, malgré l'énorme quantité d'eau qu'elle reçoit des fleuves, parce qu'elle en perd une quantité égale par l'évaporation.

2. Relief et profondeur des mers. — Le fond de la mer n'est pas uni : le relief sous-marin est en effet presque aussi accidenté que le relief terrestre.

La profondeur des mers est généralement considérable : elle atteint près de 10.000 mètres en quelques points.

3. Mouvements des eaux de la mer. — Les eaux de la mer sont soumises à divers mouvements : les *vagues*, les *marées* et les *courants*.

Ces mouvements empêchent les eaux de se corrompre et y introduisent l'air nécessaire aux animaux et aux plantes qui vivent dans leur sein.

4. Vagues. — Les **vagues** sont les mouvements irréguliers de la surface de l'eau agitée par le vent.

Quand le vent est violent, les vagues deviennent énormes ; il y a tempête.

5. Marées. — La **marée** est le mouvement régulier des eaux de la mer qui s'avancent vers le rivage, puis s'en éloignent.

La *marée montante* ou le *flux* est le mouvement des eaux de la mer qui s'avancent vers les côtes.

La *marée descendante* ou le *reflux* est le mouvement des eaux de la mer qui s'éloignent des côtes.

Chacun de ces mouvements dure un peu plus de six heures.

6. Courants marins. — Les **courants marins** sont des espèces de fleuves qui parcourent l'Océan ; ils vont des régions chaudes vers les régions froides et réciproquement.

Le plus connu est le **Gulf-Stream** (*prononcez : gueulf-strimm*) qui part des mers tropicales, dans le voisinage du Golfe du Mexique, et se dirige vers l'Europe occidentale, dont il réchauffe le littoral. *(Voir la carte d'Amérique de la page 30.)*

7. Utilité de l'Océan. — L'Océan contribue à régulariser la température des contrées avoisinantes ; par la navigation, il relie les continents plus qu'il ne les sépare ; ses eaux évaporées retombent en pluie et fécondent les terres ; il fournit à la pêche une grande quantité de poissons ; enfin, par l'évaporation de ses eaux, dans les marais salants, on obtient le sel de cuisine.

Questionnaire. — 1. Qu'est-ce que la Mer ? — Qu'est-ce qu'une mer ? — Quelle différence y a-t-il entre l'eau de mer et l'eau de pluie ou des cours d'eau ? — Pourquoi la mer ne déborde-t-elle pas ? — 2. Le fond de la mer est-il uni ? — La profondeur des mers est-elle grande ? — 3. Quels sont les divers mouvements auxquels les eaux de la mer sont soumises ? — Que produisent ces mouvements ? — 4. Qu'est-ce que les vagues ? — Qu'arrive-t-il lorsque le vent est violent ? — 5. Qu'est-ce que la marée ? — Qu'est-ce que la marée montante ? — ...la marée descendante ? — Combien de temps durent ces deux mouvements ? — 6. Qu'est-ce que les courants marins ? — Quel est le plus connu de ces courants ? — ...quels sont ses effets ? — 7. Nommez quelques avantages que nous procure l'Océan.

Devoir écrit. — 1. *Qu'est-ce que l'Océan ? — ...les vagues ? — ...la marée ? — ...les courants marins ?* — 2. *Pourquoi n'est-il pas prudent de s'avancer au loin sur les rochers à marée basse ?* — 3. *Que deviennent, à marée basse, le récif, l'île et le détroit représentés à marée haute ?*

8e Leçon. — LES CÔTES

1. — Les Côtes comme on les voit.

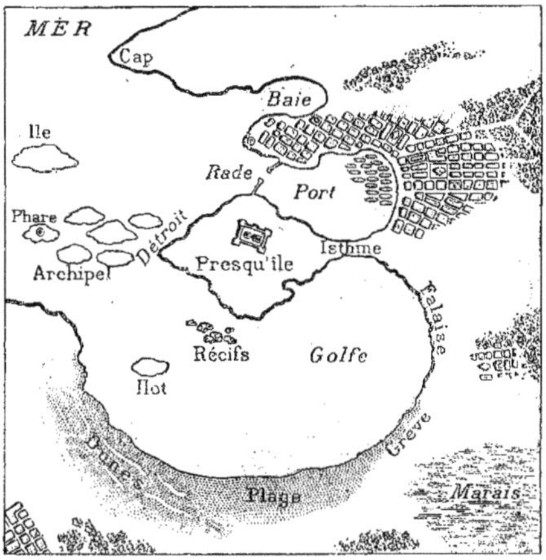

2. — Les Côtes comme on les représente.

Exercice d'observation. — *1. Qu'y a-t-il d'écrit au-dessous de l'image et de la carte ? — 2. Lisez les noms écrits sur la carte et indiquez les numéros auxquels ils correspondent dans le paysage. — 3. A l'aide de la carte, dites les noms correspondant à chaque numéro du paysage. — 4. Même exercice sans l'aide de la carte. — 5. Lisez de droite à gauche les noms écrits sur la 3e image.*

Texte. — 1. Côtes. — Le bord de la mer s'appelle *côte*, *rivage* ou *littoral*. Une *plage* ou une *grève* est la partie unie, couverte de sable ou de galets, que la marée descendante laisse à découvert.

Toutes les côtes ne se ressemblent pas : les unes sont basses et les autres élevées.

2. Côtes basses. — Les *côtes basses* terminent généralement des plaines et bordent des mers peu profondes. Facilement envahies par les eaux, elles sont souvent marécageuses. Sur les côtes basses, le vent accumule parfois le sable abandonné par la marée descendante et en forme des amas parallèles appelés *dunes*.

3. Côtes élevées. — *Les côtes élevées* terminent généralement des terrains montagneux et bordent des mers profondes. On leur donne le nom de *falaises* quand elles sont rocheuses et escarpées.

4. Aspect des côtes. — Par leur agitation continuelle, les eaux de la mer modifient lentement, mais constamment, l'aspect des côtes.

Les parties les moins résistantes sont désagrégées, triturées et transformées en galets, en sable, ou en limon : à leur place, la mer s'avance et forme des *golfes* ou des *baies*.

Les parties les plus dures résistent et forment des *caps*, des *presqu'îles* ou des *îles*.

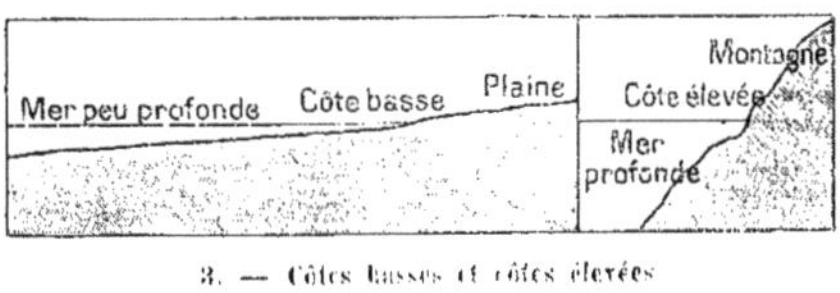

3. — Côtes basses et côtes élevées

5. Golfe. — Un golfe est une partie de mer qui s'avance dans les terres. *Ex. :* ......

Une **baie** est un petit golfe. *Ex. :* ......

Une **rade** est une baie peu ouverte, et entourée de hautes terres qui la mettent à l'abri du vent : les vaisseaux peuvent s'y réfugier pendant la tempête. *Ex. :* ......

Un **port** est un endroit du rivage, aménagé pour recevoir les navires. *Ex. :* ......

Un **phare** est une haute tour bâtie sur la côte, et dont le sommet porte une puissante lumière qui guide les navires durant la nuit.

6. Cap, Ile. — Un **cap** ou une **pointe** est une partie de terre qui s'avance dans la mer. *Ex. :* ......

Une **île** est une terre entourée d'eau de tous côtés.

Un **îlot** est une petite île. *Ex. :* ......

Un **archipel** est un groupe d'îles ou d'îlots. *Ex. :* ......

Les îlots rocheux dangereux pour la navigation portent les noms : d'*écueils*, de *récifs* ou de *brisants*. *Ex. :* ......

Une **presqu'île** ou **péninsule** est une terre presque complètement entourée d'eau : elle est rattachée au continent par une bande de terre, qu'on appelle **isthme** lorsqu'elle est assez étroite. *Ex. :* ......

7. Détroit. — Un **détroit** est une partie de mer resserrée entre deux terres. *Ex. :* ......

Questionnaire. — **1.** Comment s'appelle le bord de la mer ? — Qu'est-ce qu'une plage ou une grève? — Toutes les côtes se ressemblent-elles ? — **2**. Que terminent et que bordent les côtes basses ? — Quels sont leurs différents aspects ? — **2**. Que terminent et que bordent les côtes élevées ? — Comment les nomme-t-on ? — **4.** Comment l'action des eaux de la mer modifie-t-elle l'aspect des côtes ? — Que deviennent les parties les moins résistantes ? — ...les plus dures ? — **5.** Qu'est-ce qu'un golfe ? — ...une baie ? — ...une rade ? — ...un port ? — ...un phare ? — **6.** Qu'est-ce qu'un cap ? — ...une île ? — ...un îlot ? — ...un archipel ? — Comment appelle-t-on les îlots rocheux, dangereux pour la navigation ? — Qu'est-ce qu'une presqu'île ? — Par quoi est-elle rattachée au continent ? — **7.** Qu'est-ce qu'un détroit.

Devoir écrit. — 1. *Exercices 25 et 26 du Cahier de Croquis.* — 2. *Quels sont les différents noms qu'on donne aux avancements ; 1° de la mer dans les terres ? — 2° de la terre dans la mer ? — 3. Quel est le contraire d'un cap ? — ...d'une île ? — ...d'une presqu'île ? — dites pourquoi ?*

9e Leçon. — L'ATMOSPHÈRE

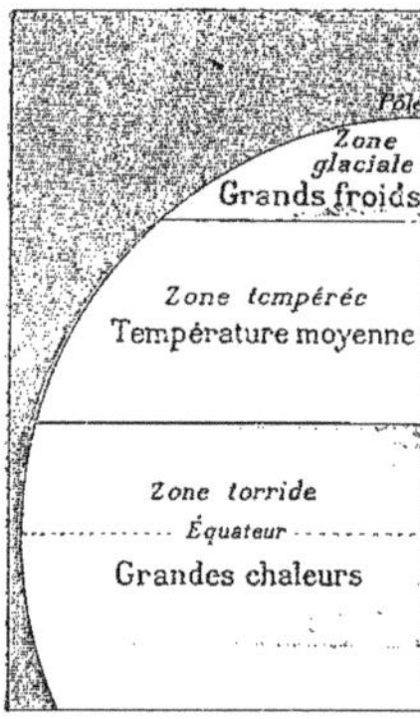

1. **La température** est le degré de chaleur de l'atmosphère. **Elle varie avec la latitude** et diminue de l'équateur au pôle. Vers l'équateur, il fait très chaud : c'est la zone torride. A égale distance de l'équateur et des pôles, la température est généralement douce : c'est la zone tempérée. Vers les pôles, il fait très froid : c'est la zone glaciale.

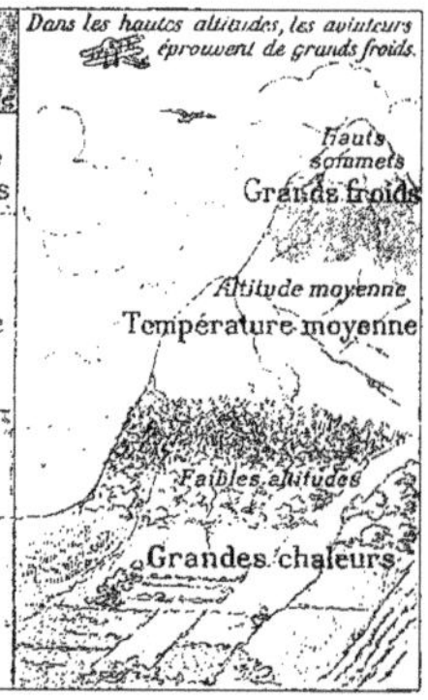

2. **La température varie avec l'altitude** : elle diminue de la base au sommet des montagnes. En faisant l'ascension d'une haute montagne de la zone torride, on constate la même baisse de température qu'en allant de l'équateur aux pôles : de fortes chaleurs à la base ; des chaleurs tempérées, dans les altitudes moyennes ; de grands froids, des neiges et des glaciers, dans les hautes altitudes.

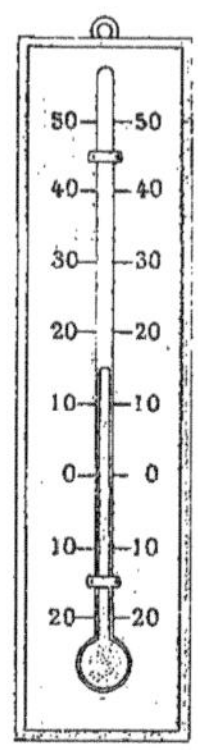

3. L'alcool ou le mercure du **thermomètre** est dilaté par la chaleur, et son niveau s'élève dans un tube gradué. Cet instrument sert à mesurer le degré de chaleur de l'atmosphère.

4. **L'air chauffé** par la chaleur du fourneau s'élève et sort de la salle par la cheminée et par les vasistas ; il est remplacé par l'air froid qui vient du dehors à travers les fentes de la porte. La flamme de la bougie en indique la présence et la direction. De la marmite placée sur le fourneau s'élève un nuage blanc, c'est de l'eau transformée en vapeur par la chaleur du foyer.

En soulevant le couvercle, on le voit tout ruisselant d'eau, c'est de la vapeur redevenue liquide par le refroidissement.

Exercice d'observation. — 1. *Lisez ce qu'il y a d'écrit sur la* 1re *image, et la légende placée au-dessous.* — 2. *Fait-il bien chaud vers l'équateur ?* — 3. *Comment appelle-t-on cette zone où il fait très chaud ?* — 4. *Fait-il chaud vers les pôles ?* — 5. *Quelle est la zone où il fait très froid ?* — 6. *Quelle est la température habituelle entre la zone torride et la zone glaciale ?* — 7. *Comment appelle-t-on la zone où la chaleur est tempérée ?* — 8. *Lisez ce qu'il y a d'écrit sur la* 2e *image et la légende placée au-dessous.* — 9. *La chaleur est-elle uniforme de la base au sommet d'une montagne ?* — 10. *Pourquoi y a-t-il de la neige et de la glace sur le sommet des hautes montagnes comme il y en a aux pôles ?* — 11. *Les aviateurs ont-ils chaud ou froid lorsqu'ils s'élèvent très haut ? — Pourquoi ?* — 12. *Lisez la légende placée sous la* 3e *image.* — 13. *Pourquoi le liquide (alcool ou mercure) du thermomètre monte-t-il quand la température monte, et baisse-t-il quand elle descend ?* — 14. *Lisez la légende placée sous la* 4e *image.* — 15. *Que devient l'air chaud dans une salle où la fenêtre est entr'ouverte ?* — 16. *Par quoi est-il remplacé ?* — 17. *Comment s'appelle cette espèce de nuage qui s'élève au-dessus de la marmite ?* — 18. *D'où vient l'eau qui ruisselle sous le couvercle de la marmite ?* — 19. *Que se produit-il lorsqu'on souffle sur une vitre ou sur un miroir ?* — 20. *Lisez la légende placée sous la* 5e *image.* — 21. *Pourquoi construit-on les moulins sur les collines ?* — 22. *Qu'y a-t-il d'écrit sur la* 6e *image et au-dessous ?* — 23. *Qu'est-ce qui fait évaporer l'eau de la mer ?* — 24. *Sous quelle forme apparaît la vapeur d'eau dans l'atmosphère ?* — 25. *Qu'est-ce qui pousse les nuages sur les continents ?* — 26. *Pourquoi la pluie tombe-t-elle souvent obliquement et non d'aplomb ?* — 27. *En quelle saison tombe-t-il de la neige dans nos pays ? — ...sur les hautes montagnes ?* — 28. *Que devient la neige de nos pays ? — ...celle des hautes montagnes ?* — 29. *Où va l'eau de pluie tombée sur le sol ?* — 30. *Lisez la légende placée sous la* 7e *image.*

Texte. — 1. Air. — L'**atmosphère** est la masse d'air qui entoure le Globe.

Comme tous les corps, l'air est pesant : un litre d'air pèse 1 gr. 293.

La pression qu'il exerce de haut en bas est appelée **pression atmosphérique** ; elle se mesure au moyen du *baromètre*. Cette pression diminue à mesure qu'on s'élève ; elle permet de calculer l'altitude des montagnes et les hauteurs atteintes en avion.

2. Température. — **La température** est le degré de chaleur de l'atmosphère. La chaleur est due au soleil ; on la mesure avec le *thermomètre*. La chaleur varie avec la *latitude :* elle diminue progressivement de l'équateur au pôle. Elle varie aussi avec l'*altitude :* plus on s'élève, plus il fait froid.

3. Vent. — Le **vent**, c'est de l'air en mouvement. Il est produit par la différence de température : l'air chaud, plus léger, s'élève, et l'air froid, plus lourd, le remplace.

La brise est un vent doux ; **l'ouragan,** un vent violent. Les vents du sud sont chauds ; ceux du nord sont froids : ceux de la mer sont humides : ils amènent les nuages et la pluie.

Le vent purifie l'atmosphère et régularise la température en renouvelant l'air ; il amène les nuages sur les continents, enfle les voiles des navires, et fait tourner les ailes des moulins.

4. Nuages. — L'eau répandue à la surface de la terre est en partie évaporée par la chaleur du soleil, c'est-à-dire transformée en **vapeur.**

L'air contient toujours, plus ou moins, de la vapeur d'eau, mais elle est invisible. Un abaissement de température la condense en fines gouttelettes microscopiques, rendues visibles par leur groupement en *nuages*.

Les **brouillards** sont des nuages qui touchent le sol. Poussés par le vent, les nuages circulent dans l'air ; un nouvel abaissement de température les résout en *pluie*, en *grêle* ou en *neige*.

5. Pluie. — La **pluie**, c'est la vapeur des nuages qui se condense en gouttes d'eau et tombe sur le sol.

Il y a des *pluies fines* et des *pluies d'orage.*

5. Les moulins à vent sont construits sur les hauteurs pour être plus exposés au vent.

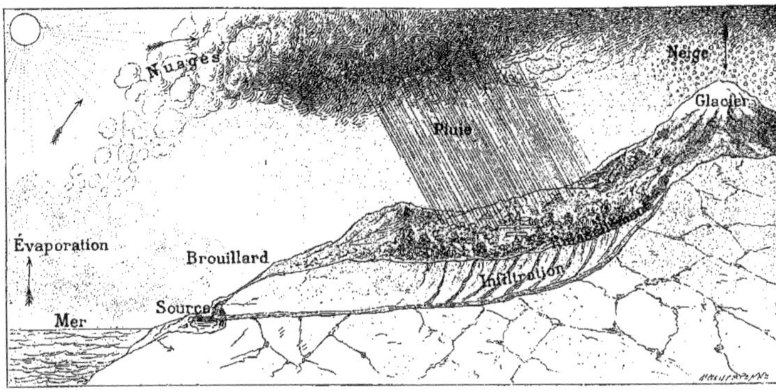

6. **Les eaux de la mer, évaporées par le** soleil, s'élèvent et forment des **nuages** qui sont entraînés par le vent. Par le refroidissement, les nuages se résolvent en **pluie** ou en **neige**. Sur le sommet des hautes montagnes, la neige tombe en toute saison ; au lieu de fondre, elle s'accumule, se tasse et forme parfois des **glaciers**. La pluie **ruisselle** sur le sol, ou **pénètre** dans la terre pour ressortir en **sources** claires et limpides.

Les **pluies fines** sont les meilleures parce qu'elles pénètrent mieux dans le sol.

Les **pluies d'orage** tombent en violentes averses qui glissent sur le sol en entraînant les terres ; elles sont souvent accompagnées de vent, d'éclairs, de tonnerre, et quelquefois de grêle.

Les pluies entretiennent la vie sur les continents et alimentent les cours d'eau.

6. **Rosée.** — Dans les nuits claires et calmes, le sol se refroidit plus vite que l'air. Au contact du sol refroidi, la vapeur d'eau contenue dans l'air se condense en gouttelettes et forme la **rosée**. Si le refroidissement du sol descend au-dessous de zéro il y a congélation des gouttes de rosée : c'est la **gelée blanche** ou le **givre**.

7. **Grêle et neige.** — La grêle est de l'eau congelée qui tombe des nuages sous forme de grains blancs ; une grêle fine s'appelle **grésil.**

La neige est aussi de l'eau congelée qui tombe des nuages en flocons blancs et légers.

Dans nos régions tempérées, la neige ne tombe qu'en hiver et dure peu de temps. Dans les régions très froides, aux pôles et sur les hautes montagnes, elle tombe en toute saison ; et, au lieu de fondre, elle s'accumule, se tasse et forme parfois des **glaciers**, qui descendent lentement les pentes et fondent à leur tour.

8. **Ruissellement et infiltration.** — L'eau de pluie, ou celle qui provient de la fonte des neiges et des glaciers, coule sur le sol en ruisselets troubles et boueux ; ou bien, après avoir arrosé les plantes, elle pénètre dans la terre, d'où elle ressort en *sources* claires et limpides.

9. **Action de la température et de l'humidité sur le relief du sol.** — Le *froid* resserre les roches et la *chaleur* les dilate, ce qui les fendille et les émiette ; de même, le froid congèle l'eau infiltrée dans les roches, et la *glace*, par sa dilatation, fait éclater ces roches à la façon d'un coin.

Les *pluies* désagrègent les roches, et les *eaux de ruissellement* entraînent les parties émiettées.

Questionnaire. — **1.** Qu'est-ce que l'atmosphère ? — L'air est-il pesant ? — Comment appelle-t-on la pression qu'il exerce ? — Cette pression est-elle partout la même ? — Que permet-elle de calculer ? — **2.** Qu'est-ce que la température ? — A quoi la chaleur est-elle due ? — Comment la mesure-t-on ? — Varie-t-elle avec la latitude ? — ...avec l'altitude ? — **3.** Qu'est-ce que le vent ? — Par quoi est-il produit ? — Qu'est-ce que la brise ? — ...l'ouragan ? — Que nous apportent les vents du Sud ? — ...du Nord ? — ...de la mer ? — Quels sont les effets du vent ? — **4.** Que devient l'eau répandue à la surface du globe ? — L'air contient-il de la vapeur d'eau ? — Comment devient-elle visible ? — Qu'est-ce que les brouillards ? — Que deviennent les nuages poussés par le vent ? — **5.** Qu'est-ce que la pluie ? — Nommez les sortes de pluies et indiquez leurs effets ? — **6.** Quand et comment se forme la rosée ? — ...la gelée blanche ? — **7.** Qu'est-ce que la grêle ? — ...la neige ? — Quand la neige tombe-t-elle et que devient-elle dans nos régions tempérées ? — ...dans les régions très froides ? — **8.** Que devient l'eau de pluie ou de la fonte des neiges et des glaciers ? — **9.** Quelle est, sur le relief du sol, l'action du froid ? — ...de la chaleur ? — ...des pluies ? — ...des eaux de ruissellement ?

Devoir écrit. — 1. *Exercice 27 du Cahier de Croquis.* — 2. *Faire l'histoire d'une goutte d'eau, depuis l'Océan d'où elle s'élève en vapeur jusqu'à ce qu'elle y retourne.* — 3. *Dans notre localité, d'où viennent les vents chauds ?* — *...les vents froids ?* — *...les vents qui amènent les nuages et la pluie ?*

7. — **Nuages et brouillards.**

Ce qui est un **nuage** lorsqu'on est dans la vallée, devient un **brouillard** si l'on se trouve sur le flanc de la montagne, au milieu de ce même nuage. Pour celui qui serait au-dessus, ces brouillards formeraient une **mer de nuages**, d'où surgissent, comme des îles, les sommets des montagnes.

10e Leçon. — LES COURS D'EAU ET LES LACS

1. — Les cours d'eau et les lacs comme on les voit.

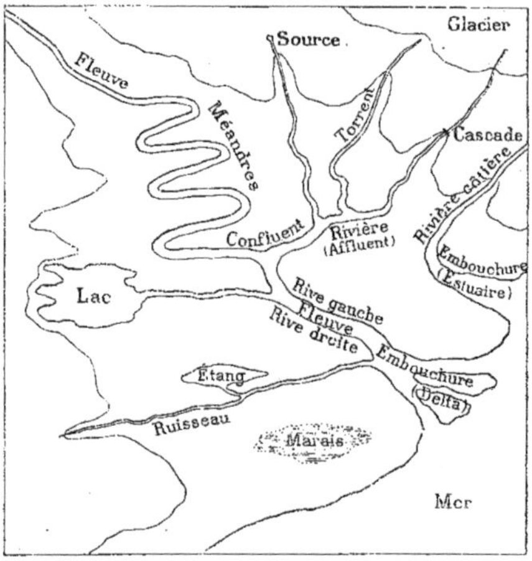

2. — Les cours d'eau et les lacs comme on les représente.

Exercice d'observation. — *1. Lisez les noms écrits sur la carte et indiquez les numéros auxquels ils correspondent dans le paysage. — 2. Indiquez les numéros du paysage et dites le nom correspondant, en vous servant de la carte si c'est nécessaire. — 3. Couvrez la carte avec une feuille de papier, et dites les noms correspondant aux numéros du paysage. — 4. Y a-t-il quelques cours d'eau dans notre localité ? — 5. Nommez-les en disant si c'est un ruisseau, une rivière ou un fleuve. — 6. A quelle rivière, à quel fleuve, ou à quelle mer, portent-ils leurs eaux ? — 7. Y a-t-il des lacs, des étangs, des marais, dans notre localité ? — Nommez-les, ainsi que les cours d'eau qui emportent le trop plein de leurs eaux. — 8. Lisez les noms écrits sur la 3e image. — 9. Où va l'eau de pluie qui tombe en A et en B ? — 10. L'eau de pluie qui tombe en C et en D ira-t-elle au même fleuve que celle qui tombe en A et en B ? Pourquoi ? — 11. Comment appelle-t-on les hauteurs qui entourent un bassin ? — 12. Lisez les noms écrits sur la 4e image et la légende placée au-dessous. — 13. Que feriez-vous pour trouver la vitesse du courant ? — 14. Quel est le débit d'un cours d'eau de 4 mètres de large, 1 mètre de profondeur moyenne, et qui coule à la vitesse de 54 mètres à la minute ? — 15. Lisez les noms écrits sur la 5e image et la légende placée au-dessous. — 16. Même exercice pour la 6e image.*

Texte. — **1. Origine des cours d'eau.** — Les **cours d'eau** sont formés par les sources, par les eaux de ruissellement ou par les eaux provenant de la fonte des neiges et des glaciers.

2. Noms des cours d'eau. — D'après leur importance, les cours d'eau portent le nom de *ruisseau* ou de *torrent*, de *rivière* et de *fleuve*.

Les **ruisseaux** et les **torrents** sont de petits cours d'eau produits par les eaux de ruissellement ou par la fonte des neiges. Ils se distinguent les uns des autres surtout par leur rapidité : les ruisseaux coulent tranquilles sur un sol peu accidenté, tandis que les torrents se précipitent des montagnes en écumant. *Ex.* : ......

Les **rivières** et les **fleuves** sont de grands cours d'eau formés par la réunion de ruisseaux ou de torrents. Une **rivière** se jette dans une autre rivière plus importante ou dans un fleuve ; on lui donne le nom de **rivière côtière** lorsqu'elle finit à la mer. Un **fleuve** est un cours d'eau considérable alimenté par des rivières, et qui se jette dans la mer. *Ex.* : ......

Un **affluent** est un cours d'eau qui s'unit à un autre plus important. *Ex.* : ......

Le **confluent** est l'endroit où deux cours d'eau se réunissent. *Ex.* : ......

3. Bassin et versant. — Le **bassin** d'une mer ou d'un fleuve est l'ensemble des territoires dont les eaux courantes vont à cette mer ou à ce fleuve. *Ex.* : ......

Un **versant** est une partie de bassin. *Ex.* : ......

La **ceinture d'un bassin** ou **ligne de partage des eaux** est la ligne des hauteurs, parfois très faibles, qui le séparent d'un autre bassin. *Ex.* : ......

4. Parties d'un cours d'eau. — La **source** d'un fleuve est l'endroit où il commence ; l'**embouchure**, l'endroit où il se jette dans la mer. Une embouchure s'appelle **estuaire** quand elle est très large ; **delta**, lorsqu'elle se divise en plusieurs bouches ou bras. *Ex.* : ......

Le **lit d'un cours d'eau** est le creux du sol dans lequel il coule, et où il est maintenu par ses **rives** ou ses bords.

L'**amont** d'un cours d'eau est la direction vers la source.

L'**aval** est la direction vers l'embouchure.

Remonter un cours d'eau, c'est aller vers l'amont ou la source, c'est-à-dire à l'opposé du courant ; **descendre** un cours d'eau, c'est aller vers l'aval ou l'embouchure, c'est-à-dire dans le sens du courant. *Ex.* : ......

On appelle **rive droite** la rive que l'on a à sa droite, et **rive gauche** la rive que l'on a à sa gauche, lorsqu'on est sur un cours d'eau le visage tourné dans le sens du courant. *Ex.* : ......

5. Divers aspects d'un fleuve. — Dans son **cours supérieur**, le fleuve est plus ou moins rapide : il creuse son lit, ronge ses rives et entraîne toutes sortes de matières qui rendent ses eaux troubles et boueuses.

Dans son **cours moyen**, lorsque les pentes s'adoucissent, le fleuve se calme, et il décrit souvent de nombreux *méandres* ou détours.

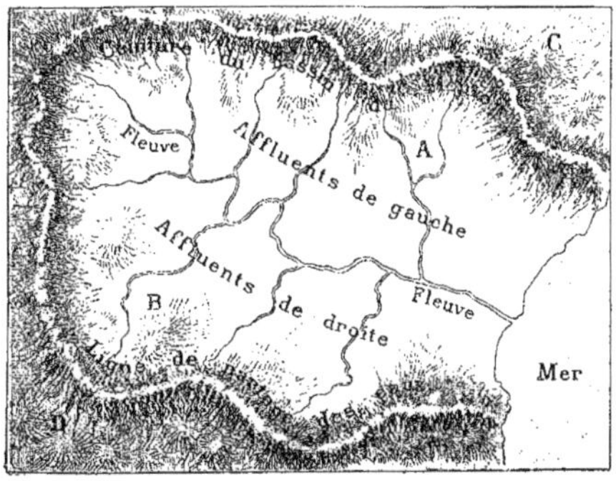

3. — Le bassin d'un fleuve.

Dans son **cours inférieur**, le fleuve se traîne lentement et dépose le limon qu'il transportait.

6. Débit d'un cours d'eau. — Le débit d'un cours d'eau est la quantité d'eau qu'il roule par seconde.

Le débit dépend de l'étendue du bassin et de la quantité d'eau tombée. Il varie avec les saisons : les eaux baissent dans la saison sèche ; elles montent dans la saison humide.

7. Utilité des cours d'eau. — Les cours d'eau sont très utiles ; ils fertilisent le sol par l'irrigation et le colmatage ; ils portent des bateaux chargés de lourdes marchandises ; ils font tourner les roues et les turbines hydrauliques qui actionnent des meules de moulins ou des génératrices d'électricité.

Mais, quand ils débordent, ils deviennent nuisibles et produisent de terribles inondations.

8. Eaux dormantes. — Quand, sur leur parcours, les eaux rencontrent une dépression du sol, elles s'y accumulent. Ces *eaux dormantes* portent différents noms suivant leur étendue et leur profondeur ; elles s'appellent : *lacs, étangs* ou *marais*.

Un **lac** est une grande nappe d'eau au milieu des terres.

4. — Le lit, les rives et le débit d'un cours d'eau.

Le débit d'un cours d'eau égale le produit de la largeur du cours d'eau par sa profondeur moyenne et par la distance que parcourt le courant en une seconde. Le ruisseau ci-dessus de 2 mètres de large, de 0m10 de profondeur moyenne et dont l'eau coule à la vitesse de 0m50 à la seconde a un débit de (2m × 0m10 × 0m50 = 0m³400) 400 décimètres cubes ou litres par seconde.

Un **étang** est un petit lac.

Un **marais** est une nappe d'eau peu profonde et couverte d'herbes.

Questionnaire. — **1.** Par quoi sont formés les cours d'eau ? — **2.** Quels sont les différents noms des cours d'eau ? — Qu'est-ce que les ruisseaux et les torrents ? — Par quoi se distinguent-ils les uns des autres ? — Qu'est-ce que les rivières ? — ...les fleuves ? — Qu'est-ce qu'un affluent ? — ...un confluent ? — **3.** Qu'est-ce que le bassin d'une mer ou d'un fleuve ? — ...un versant ? — ...la ceinture d'un bassin ? — **4.** Qu'est-ce que la source d'un fleuve ? — ...l'embouchure ? — Quel nom porte l'embouchure quand elle est très large ? — ...lorsqu'elle se divise en plusieurs branches ? — Qu'est-ce que le lit d'un cours d'eau ? — ...l'amont ? — ...l'aval ? — Qu'est-ce que remonter un cours d'eau ? — ...le descendre ? — Qu'appelle-t-on rive droite et rive gauche ? — **5.** Quel est le caractère d'un fleuve dans son cours supérieur ? — ...dans son cours moyen ? — ...dans son cours inférieur ? — **6.** Qu'est-ce que le débit d'un cours d'eau ? — De quoi dépend-il ? — Est-il toujours le même ? — **7.** Quelle est l'utilité des cours d'eau ? — Quand deviennent-ils nuisibles ? — **8.** Que forment les eaux lorsqu'elles rencontrent une dépression du sol ? — Quels sont les différents noms que portent les eaux dormantes ? — Qu'est-ce qu'un lac ? — ...un étang ? — ...un marais ?

Devoir écrit. — 1. *Exercice 28, 29 et 30 du cahier de Croquis.* — 2. *Quel est le débit d'un cours d'eau de 3 mètres de large, 0 m 60. de profondeur moyenne et qui coule à la vitesse de 48 mètres à la minute ?*

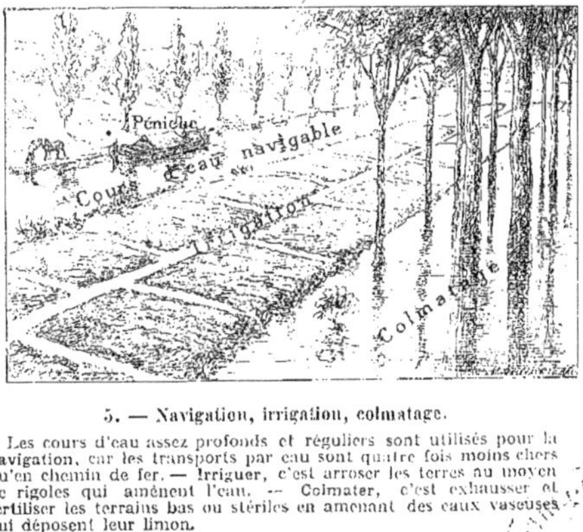

5. — Navigation, irrigation, colmatage.

Les cours d'eau assez profonds et réguliers sont utilisés pour la navigation, car les transports par eau sont quatre fois moins chers qu'en chemin de fer. — **Irriguer**, c'est arroser les terres au moyen de rigoles qui amènent l'eau. — **Colmater**, c'est exhausser et fertiliser les terrains bas ou stériles en amenant des eaux vaseuses qui déposent leur limon.

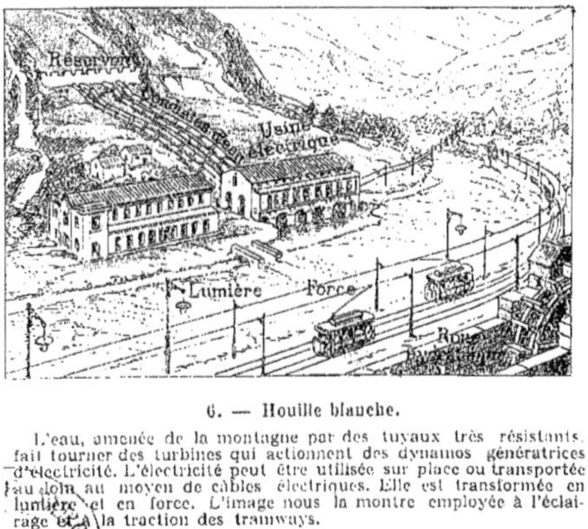

6. — Houille blanche.

L'eau, amenée de la montagne par des tuyaux très résistants, fait tourner des turbines qui actionnent des dynamos génératrices d'électricité. L'électricité peut être utilisée sur place ou transportée au loin au moyen de câbles électriques. Elle est transformée en lumière et en force. L'image nous la montre employée à l'éclairage et à la traction des tramways.

11e Leçon. — LES GRANDES RÉGIONS CLIMATÉRIQUES

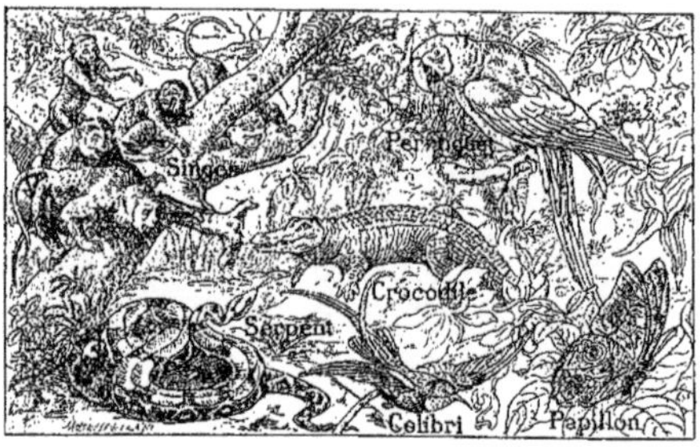

1. — Ce qu'on voit dans les régions équatoriales :

Des **forêts**, immenses et épaisses, d'arbres toujours verts. Des **singes** agiles à grimper aux arbres dont ils mangent les fruits.

De gros **serpents** et des **crocodiles**, sortes de grands lézards d'une extrême voracité.

Des **perroquets**, des **colibris** et des **papillons** aux brillantes couleurs.

Exercice d'observation. — 1. *Lisez les noms écrits sur la 1re image et la légende placée au-dessous.* — 2. *Nommez les animaux, figurés sur cette image, qui grimpent aux arbres ? — ...ceux qui volent dans le feuillage ? — ...ceux qui rampent sur le sol ?* — 3. *A quel animal de nos pays ressemble le plus le crocodile ?* — 4. *Lisez les noms écrits sur la 2e image et la légende placée au-dessous.* — 5. *Comment appelle-t-on les vastes étendues herbeuses parsemées de quelques arbres ?* — 6. *Comment appelle-t-on les animaux qui se nourrissent d'herbes ? — ...ceux qui se nourrissent de chair ? — ...ceux qui peuvent vivre soit sur terre, soit dans l'eau ?* — 7. *Qu'est-ce qui caractérise l'éléphant ? — ...le rhinocéros ? — ...la girafe ?* — 8. *A quel petit animal de nos pays le tigre ressemble-t-il ?* — 9. *Quel est le plus grand de tous les oiseaux ? — Pourquoi ne peut-il pas voler ?* — 10. *Lisez les noms écrits sur la 3e image et la légende placée au-dessous.* — 11. *Quel nom donne-t-on aux vastes étendues sans eau et sans verdure ?* — 12. *Pourquoi y a-t-il des oasis dans certaines parties du désert ?* — 13. *A quoi peut-on comparer les oasis ?* — 14. *Comment voyage-t-on dans le désert ?* — 15. *Lisez les noms écrits sur la 4e image et la légende placée au-dessous.* — 16. *Quelle différence y a-t-il entre la plupart des arbres des régions tempérées et ceux des régions équatoriales ?* — 17. *Nommez quelques cultures des régions tempérées.* — 18. *Quels sont les légumes et les arbres fruitiers représentés sur cette image ?* — 19. *Quels sont les animaux qui paissent dans les prairies et les pâturages ?* — 20. *Nommez les animaux de basse-cour qui figurent sur l'image.* — 21. *Lisez les noms écrits sur la 5e image et la légende placée au-dessous.* — 22. *Qu'est-ce que les icebergs ?* — 23. *Nommez deux plantes des régions polaires.* — 24. *Quel est le plus grand de tous les animaux ?* — 25. *Nommez deux animaux amphibies des régions polaires.* — 26. *Qu'est-ce qui distingue le morse du phoque ?* — 27. *Nommez un palmipède de ces régions.* — 28. *Quelle est la couleur des ours de ces pays ?* — 29. *Y a-t-il des ours d'autres couleurs ? — Où vivent-ils ?* — 30. *Quel est le nom des voitures de ces pays glacés ?* — 31. *Pourquoi les appelle-t-on ainsi ?* — 32. *Parmi ces cinq images, quelle est celle qui représente ce qu'on voit dans nos pays ?* — 33. *A quelle région climatérique appartient notre pays ?*

Texte. — 1. Climat. — Le climat d'un pays est son état général de température et d'humidité. Il dépend de la quantité de chaleur et de pluie que reçoit ce pays.

La mer a une grande influence sur le climat des régions qu'elle avoisine. Les climats qui subissent son influence sont appelés *climats maritimes ;* les autres sont les *climats continentaux.*

Le **climat maritime** est humide et constant. Les régions voisines de la mer ont généralement des pluies fréquentes : les froids de l'hiver et les chaleurs de l'été y sont tempérés par l'influence de la mer.

Le **climat continental** est sec et excessif. Les régions éloignées des mers ont ordinairement peu de pluies, des étés très chauds et des hivers très froids.

2. Régions climatériques. — En général, une région est d'autant plus chaude qu'elle est plus près de l'équateur, parce qu'elle reçoit plus d'aplomb les rayons du soleil.

On distingue cinq grandes régions climatériques : les régions *équatoriales*, les régions *tropicales*, les régions *subtropicales* ou *désertiques*, les régions *tempérées* et les régions *polaires.*

3. Régions équatoriales. — Les **régions équatoriales** ont des chaleurs fortes et constantes ; des pluies très abondantes tombent presque tous les jours en violentes averses.

La végétation, vigoureuse et touffue, forme d'immenses forêts d'arbres toujours verts.

Dans ces régions vivent des oiseaux et des papillons aux brillantes couleurs ; des singes agiles à grimper aux arbres dont ils mangent les fruits ; d'énormes serpents et des crocodiles qui rampent sur le sol ou vivent dans les eaux.

4. Régions tropicales. — Les **régions tropicales** ont des chaleurs fortes et constantes ; la répartition des pluies divise l'année en deux saisons : la saison sèche, en hiver, et la saison humide, en été, où il pleut abondamment et presque tous les jours.

Ces régions toujours chaudes, mais tantôt sèches et tantôt humides, sont couvertes de savanes, vastes étendues où croissent de hautes herbes parsemées de quelques arbres.

On y rencontre les plus gros animaux terrestres : des

2. — Ce qu'on voit dans les régions tropicales :

Des **savanes**, vastes étendues où croissent de hautes herbes parsemées de quelques arbres.

Des **herbivores**, ou mangeurs d'herbes, comme l'**éléphant**, remarquable par sa trompe et ses défenses d'ivoire ; le **rhinocéros**, qui porte une ou deux cornes sur le nez ; l'**hippopotame**, dont le nom signifie *cheval de fleuve*, animal *amphibie*, c'est-à-dire qui peut vivre soit sur terre, soit dans l'eau ; la **girafe**, à la haute taille, et au cou très allongé.

Des **carnassiers**, ou mangeurs de chair, comme le **lion** et le **tigre**.

Des **autruches**, oiseaux coureurs, dont les ailes sont trop faibles pour voler : ce sont les plus grands de tous les oiseaux.

herbivores comme l'éléphant, le rhinocéros, l'hippopotame et la girafe ; des carnassiers comme le lion et le tigre ; enfin l'autruche, le plus gros des oiseaux.

5. Régions subtropicales ou désertiques. — Les régions **désertiques** des zones subtropicales ont des températures excessives ; les étés sont très chauds et les hivers assez froids ; les pluies sont très rares, toujours accidentelles et produites par des orages.

Le chameau est à peu près le seul animal remarquable qui puisse vivre dans ces régions où ne croissent que quelques touffes d'herbes dures.

Il y a des sources dans quelques parties des déserts. Ces endroits sont fertiles et peuplés : on les appelle **oasis** ; ce sont comme des îlots de verdure au milieu d'un océan de sable.

6. Régions tempérées. — Les régions tempérées n'ont ni chaleurs excessives ni froids rigoureux. Les pluies sont modérées et tombent en toute saison. Les parties montagneuses ont des forêts et des pâturages ; les plaines produisent des céréales, des légumes et des arbres fruitiers. Dans ces régions, on élève la plupart des animaux domestiques : les chevaux et les bœufs, les brebis et les porcs, les oies et les poules.

7. Régions polaires. — Les régions polaires sont excessivement froides. Le sol, presque toujours couvert de neige ou de glace, ne produit que des mousses et des lichens. Dans ces régions glacées on trouve en abondance toutes sortes de poissons et d'énormes baleines ; des amphibies comme les phoques et les morses, et des palmipèdes comme les manchots. Les animaux terrestres sont plus rares, les principaux sont les ours blancs et les rennes.

3. — **Ce qu'on voit dans les régions désertiques :**

De vastes **étendues** presque **sans eau**, où ne croissent que quelques **touffes d'herbes dures**.

Des **oasis**, sortes d'îlots de verdure au milieu d'un **océan de sable**.

Des **caravanes de chameaux** qui parcourent le désert d'une oasis à l'autre.

Questionnaire. — **1.** Qu'est-ce que le climat ? — De quoi dépend-il ? — La mer a-t-elle quelque influence sur le climat des régions qu'elle avoisine ? — Comment appelle-t-on les climats qui subissent son influence ? — ...ceux qui ne la subissent pas ? — Que savez-vous du climat maritime ? — ...du climat continental ? — **2.** Pourquoi le climat d'une région est-il d'autant plus chaud que cette région est plus proche de l'Équateur ? — Combien distingue-t-on de grandes régions climatériques ? — Nommez-les. — **3.** Que savez-vous de la chaleur et des pluies des régions équatoriales. — ...de la végétation ? — ...des animaux qui vivent dans ces régions ? — **4.** Parlez de la chaleur et des pluies des régions tropicales ? — ...de la végétation. — ...des animaux qu'on y rencontre. — **5.** Que sont la température et les pluies des régions désertiques ? — Nommez un animal remarquable de ces régions. — Y a-t-il des sources dans quelques parties des déserts ? — Que sont ces endroits ? — Comment les appelle-t-on ? — A quoi peut-on les comparer ? — **6.** Que savez-vous de la température et des pluies des régions tempérées ? — Quelle est la végétation des parties montagneuses ? — Que cultive-t-on dans les plaines ? — Quels animaux y élève-t-on ? — **7.** Quel est le climat des régions polaires ? — Nommez quelques plantes de ces régions glacées. — ...quelques animaux.

Devoir écrit. — **1.** *Copiez, au singulier, de gauche à droite et de haut en bas, le nom des animaux représentés dans chacune des images de cette leçon.* — **2.** *Indiquez la végétation que l'on rencontre en allant de l'Equateur au Pôle.*

4. — **Ce qu'on voit dans les régions tempérées :**

Des **forêts** de chênes, de hêtres et de châtaigniers qui perdent leurs feuilles en hiver.

Des **champs** où l'on cultive du blé ; des **jardins potagers** qui produisent des légumes ; des **vergers** plantés d'arbres fruitiers.

Des **prairies** et des **pâturages** où paissent des chevaux, des bœufs, des vaches laitières et des moutons.

Des **cours de ferme** où l'on élève des porcs, des oies, des coqs et des poules.

5. — **Ce qu'on voit dans les régions polaires :**

Des **icebergs** ou **montagnes de glace**, énormes **glaçons flottants**.

Un **sol couvert de neige et de glace**, où ne croissent que des **mousses** et des lichens.

Des **baleines**, les plus gros de tous les animaux.

Des **amphibies**, comme les **phoques** et les **morses**.

Des **palmipèdes**, oiseaux dont le pied est conformé pour nager, comme les **manchots**.

Des **ours blancs**, et des **rennes** attelés à des traîneaux.

12ᵉ Leçon. — POPULATION, RACE ET CIVILISATION

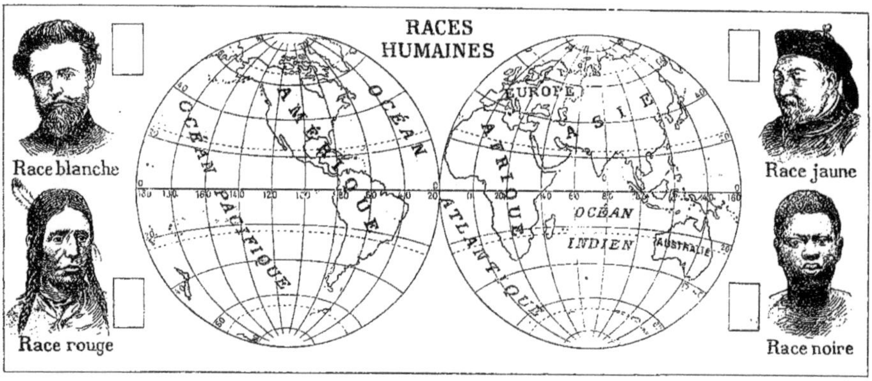

Exercice d'observation. — 1. *Quelle est la couleur affectée à chaque race dans cette carte ?* — 2. *D'après l'étendue des couleurs, quelle race occupe le plus de place sur le globe ?* — *Quelle est celle qui en occupe le moins ?* — 3. *Quelle est la race qui domine en Europe, en Asie, en Afrique, en Amérique, en Australie ?* — 4. *Que représente la 2ᵉ image ?* — 5. *Lisez les noms écrits sur cette image.* — 6. *Que font les personnes représentées dans cette gravure ?* — 7. *A quelle race appartiennent-elles ?* — 8. *Comment s'appelle l'habitation de ces sauvages ?* — 9. *Que vous montre la 3ᵉ image ?* — 10. *Lisez les noms écrits sur cette image.* — 11. *Que font les personnes représentées dans cette gravure ?* — 12. *Comment appelle-t-on l'habitation des nomades ?* — 13. *Que représente la 4ᵉ image ?* — 14. *Lisez de gauche à droite et de bas en haut, les noms écrits sur cette image.*

Texte. — **1. Population.** — **La population totale du Globe** est d'environ un milliard sept cents millions d'habitants, soit 48 fois celle de la France.

2. Races humaines. — Les hommes descendent tous d'Adam, et ne constituent qu'**une seule espèce humaine.** Mais, d'après la couleur de la peau et la forme du visage, on distingue **quatre races principales :** la *race blanche*, la *race jaune*, la *race noire*, et la *race rouge.*

3. Race blanche. — **La race blanche a la peau** blanc rosé, le visage ovale et les cheveux souvent ondulés. Elle domine les autres races par le nombre et par sa civilisation. Elle peuple l'Europe, presque toute l'Amérique et l'Australie, le nord et l'extrémité sud de l'Afrique, ainsi que le sud-ouest de l'Asie.

4. Race jaune. — La **race jaune** a la peau jaunâtre, les pommettes saillantes, les yeux obliques, les cheveux lisses et noirs. Les jaunes sont de petite taille ; leur civilisation très ancienne est restée longtemps stationnaire ; ils peuplent le centre et l'est de l'Asie.

5. Race noire. — La **race noire** a la peau noirâtre, les lèvres épaisses, le nez large et aplati, les cheveux crépus comme de la laine. Les nègres ont une civilisation très arriérée. Ils peuplent les régions chaudes du centre et du sud de l'Afrique.

6. Race rouge. — La **race rouge** a la peau brunâtre. Les Peaux-Rouges ou Indiens sont les descendants de l'ancienne population de l'Amérique.

7. Religions. — Tous les peuples ont l'idée d'un Dieu qui a créé et gouverne le monde.

Le **christianisme**, la seule véritable religion, fondée par Notre-Seigneur Jésus-Christ, domine en Europe et en Amérique ; le **mahométisme** est répandu en Asie occidentale et en Afrique septentrionale ; le **judaïsme** est la religion des Juifs dispersés dans l'univers ; le **paganisme**, ou religion des païens, est le culte des idoles ; il domine parmi les jaunes, en Asie centrale et orientale, et parmi les noirs, en Afrique.

2. — Ce qu'on voit chez les sauvages.

3. — Ce qu'on voit chez les nomades.

4. — Ce qu'on voit dans les pays civilisés.

8. Civilisation. — **La civilisation** est à la fois morale et matérielle. Elle se manifeste par l'observation du Décalogue ou de la loi naturelle gravée par Dieu au fond de toutes les consciences, et par l'assujettissement de la nature aux besoins de l'homme. Elle comprend trois principaux degrés : les *sauvages*, les *nomades* et les *civilisés*.

a) Les **sauvages** ne possèdent que quelques traces informes de civilisation : ils ne demandent guère à la terre que ce qu'elle produit sans culture, et demeurent isolés par familles, ou groupés en tribus sous des chefs souvent tyranniques.

b) Les **nomades** n'ont qu'une demi-civilisation : ce sont des pasteurs ; ils vivent sous des tentes portatives et sont soumis à des chefs de famille ou de tribu.

c) Les **civilisés** ont atteint un haut degré de civilisation. Ils obéissent à des lois religieuses, morales, civiles et politiques. Ils font produire à la nature tout ce qui leur est nécessaire : ils travaillent le sol par l'*agriculture*, transforment ses produits par l'*industrie* et les échangent par le *commerce*. Ils ont établi des *voies de communication ;* et se sont groupés en *nations* avec des *gouvernements* de leur choix.

9. Agriculture. — L'agriculture est le travail des champs. Les *agriculteurs* ou *cultivateurs* vivent à la campagne dans des fermes isolées, des hameaux, des villages et des bourgs.

10. Industrie. — **L'industrie** transforme les matières premières en objets utiles. Les *industriels* et les *ouvriers* qu'ils emploient, travaillent dans des usines, des fabriques, des ateliers. Une **ville industrielle** est celle où il y a beaucoup d'usines, de fabriques ou d'ateliers.

11. Commerce. — Le commerce est l'achat ou la vente des produits de l'agriculture ou de l'industrie. Les *commerçants* ou *marchands* demeurent généralement à la ville, dans des magasins ou des boutiques.

12. Voies de communication. — On distingue : 1° les *voies terrestres :* routes et chemins de fer ; 2° les *voies navigables :* fleuves, canaux et mers ; 3° les *voies aériennes*.

a) Sur les **routes**, on voyage à pied, à bicyclette, à cheval, en voiture ou en automobile.

b) L'établissement des chemins de fer exige de grands travaux : des *ponts* sur les fleuves, des *viaducs* sur les vallées profondes, des *tunnels* à travers les montagnes.

c) Les **canaux** sont des cours d'eau navigables creusés par l'homme. Dans les pentes trop rapides, ils sont munis d'*écluses* qui permettent aux bateaux de monter et de descendre leurs cours.

d) **La navigation maritime** se fait au moyen de grands navires. Ceux qui vont d'Europe en Amérique à travers l'Atlantique sont des *transatlantiques*.

e) **On voyage dans les airs** à l'aide de *dirigeables* et d'*avions*, dont la vitesse peut atteindre 300 km. à l'heure. C'est le moyen de locomotion le plus rapide.

13. Nation, Patrie. — **Un peuple** ou **une nation** est un ensemble d'hommes ayant mêmes origines, mêmes mœurs, et souvent même langue et même religion. **La patrie**, c'est le pays de nos pères. *Ex.* : ......

14. État, Gouvernement. — Un **État** est un pays soumis aux mêmes lois et à un même gouvernement.

Le **Gouvernement** d'un peuple ou d'un pays porte, selon sa forme, le nom de *monarchie* (royaume ou empire), ou de *république*. *Ex.* : ......

Questionnaire. — **1.** Quelle est la population totale du Globe? — **2.** De qui descendent tous les hommes? — Comment les a-t-on divisés ? — **3.** Que savez-vous de la race blanche ? — **4.** ...de la race jaune ? — **5.** ... de la race noire ? — **6.** ...de la race rouge? — **7.** Tous les peuples ont-ils l'idée d'un Dieu? — Quelles sont les principales religions et où dominent-elles ? — **8.** Qu'est la civilisation ? — Quels degrés comprend-elle ? — *a*) que savez-vous des sauvages? — *b*) ...des nomades? — *c*) ...des civilisés ? — **9.** Qu'est-ce que l'agriculture ? — Où vivent les agriculteurs ? — **10.** Que fait l'industrie ? — Où travaillent les industriels et les ouvriers ? — Qu'est-ce qu'une ville industrielle ? — **11.** Qu'est-ce que le commerce ? — Où demeurent les commerçants ? — **12.** Quelles sont les différentes voies de communication ? — *a*) Comment voyage-t-on sur les routes ? — *b*) Quels travaux exige l'établissement des chemins de fer ? — *c*) Qu'est-ce que les canaux ? — De quoi sont-ils munis dans les fortes pentes ? — *d*) Comment se fait la navigation maritime ? — Comment appelle-t-on les navires qui traversent l'Atlantique ? — *e*) Comment voyage-t-on dans les airs ? — **13.** Qu'est-ce qu'un peuple ? — Qu'est-ce que la patrie ? — **14.** Qu'est-ce qu'un État ? — Quel nom donne-t-on au gouvernement d'un pays ?

Devoir écrit. — *Exercice* 31 *du Cahier de Croquis*. — 1. *Quelles sont les choses représentées dans la 4e gravure et qui se trouvent aux environs de notre localité ?* — 2. *A quelle race, à quel peuple et à quelle religion appartenons-nous ?* — 3. *Quelle est notre patrie ?* — 4. *Quel est le gouvernement de notre pays ?*

13e Leçon. — L'EUROPE PHYSIQUE

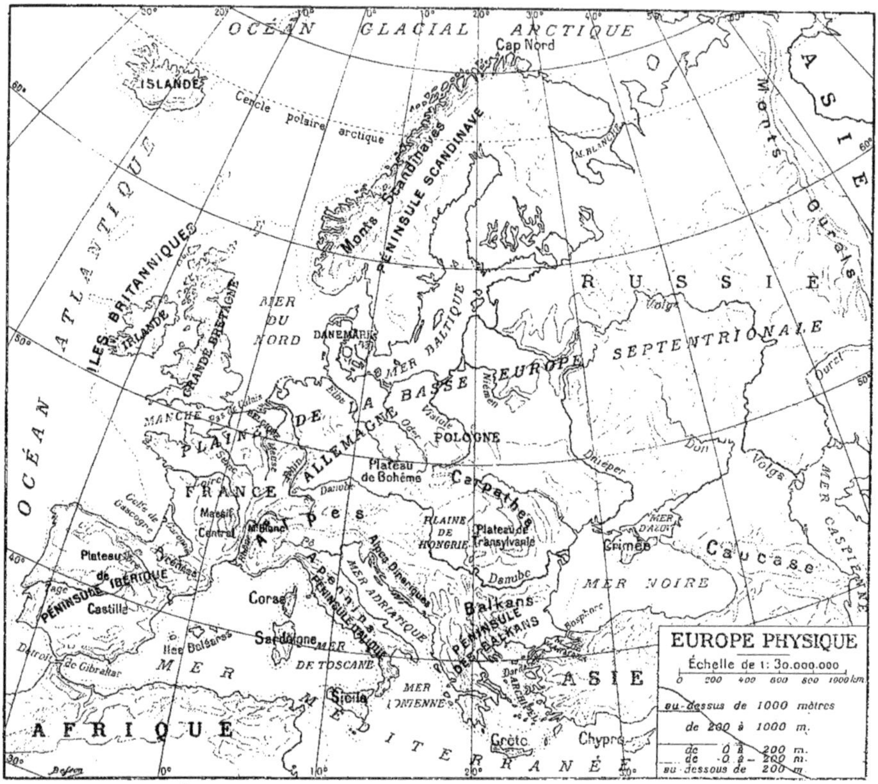

Exercice d'observation. — 1. *En consultant la carte, nommez les océans et les mers qui baignent l'Europe.* — 2. *Nommez la grande péninsule du nord de l'Europe.* — 3. *...trois grandes péninsules au sud de l'Europe.* — 4. *Quelle presqu'île se trouve dans la Mer Noire ?* — 5. *Nommez trois îles dans l'Océan Atlantique ; cinq dans la Méditerranée.* — 6. *Quels sont les fleuves qui se jettent dans la Baltique ? — ...dans la Mer du Nord ? — ...dans la Manche ? — ...dans l'Atlantique ? — ...dans la Méditerranée ? — ...dans l'Adriatique ? — ...dans la Mer Noire ? — ...dans la Mer Caspienne ?* — 7. *Nommez trois fleuves qui descendent des Alpes. — Nommez-en un qui prend sa source dans les Pyrénées. — ...dans le Massif Central français. — ...dans les Carpathes. — ...dans le Plateau de Castille. — ...dans le Plateau de Bohême.* — 8. *Quel est le détroit qui fait communiquer la Manche et la Mer du Nord ? — ...l'Atlantique et la Méditerranée ? — ...la Méditerranée et la Mer Noire ?* — 9. *Lisez de gauche à droite les noms écrits sur la première image. — ...sur la deuxième. — ...sur la troisième.* — 10. *Quelle est, avec son altitude, la plus haute montagne du Globe ? — ...de l'Europe ?* — 12. *Lisez les noms écrits sur la 4e image.* — 13. *Indiquez, avec sa longueur, le plus long fleuve du monde. — ...de l'Europe.*

Texte. — **1. Bornes et étendue.** — L'*Europe est bornée* : au Nord, par l'Océan Glacial Arctique ; à l'Ouest, par l'Océan Atlantique ; au Sud, par la Mer Méditerranée, la Mer Noire et le Caucase ; à l'Est, par la Mer Caspienne, l'Oural et les Monts Ourals.

Son étendue égale le quart de l'Asie, le quart de l'Amérique, le tiers de l'Afrique et dix-huit fois la France.

2. Relief du sol. — Au point de vue du relief du sol, l'Europe se divise en deux parties : la *Haute Europe* au Sud, et la *Basse Europe* au Nord.

Les *Alpes*, les plus importantes montagnes de l'Europe, atteignent 4.810 mètres au *Mont Blanc*. Leurs neiges et leurs glaciers alimentent de nombreux cours d'eau.

Les Alpes sont prolongées : à l'Ouest, par le *Massif Central* et les *Pyrénées* ; au Sud-Est, par les *Apennins* ; à l'Est, par les *Alpes Dinariques* et les *Balkans* ; au Nord-Est, par les *Carpathes*. Trois autres chaînes s'élèvent au pourtour : les *Monts Scandinaves*, au Nord ; les *Monts Ourals*, à l'Est ; et le *Caucase*, au Sud-Est.

L'Europe a peu de *plateaux* ; les trois principaux sont ceux de *Castille*, de *Bohême* et de *Transylvanie*.

La *Basse Europe* forme une vaste plaine, qui commence aux Pyrénées et va s'élargissant jusqu'à l'Oural et au Caucase, à travers la France occidentale, la Bel-

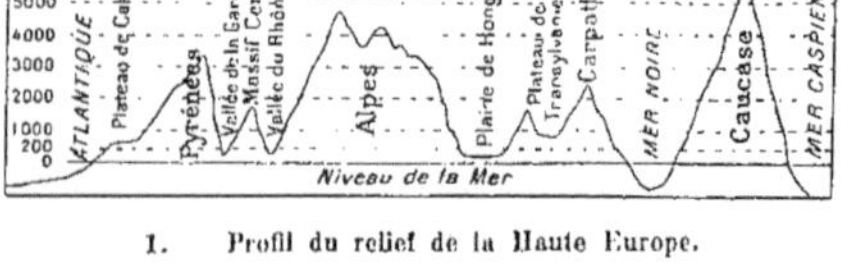

1. Profil du relief de la Haute Europe.

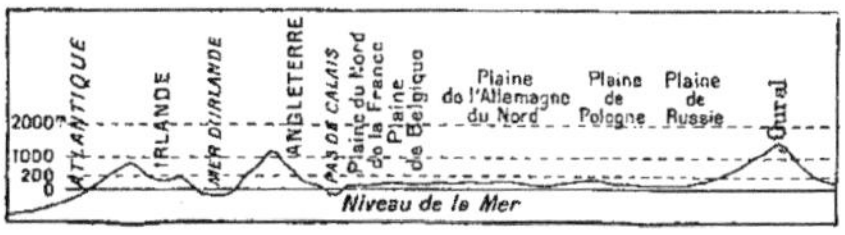

2. — **Profil du relief de la Basse Europe.**

gique, l'Allemagne du Nord, la Pologne et la Russie. La plaine de Hongrie s'étend entre les Alpes et les Carpathes.

3. Mers et côtes. — Le *littoral* de l'Europe est très découpé ; il présente de nombreuses presqu'îles et beaucoup de mers intérieures qui favorisent l'égalité du climat et les relations commerciales.

Au *Nord*, dans le voisinage de la Basse Europe, les mers sont peu profondes et les côtes basses ; au *Sud*, dans le voisinage de la Haute Europe, les mers sont profondes et les côtes élevées et rocheuses.

4. Océan Glacial Arctique. — L'*Océan Glacial Arctique* forme la *Mer Blanche*. Grâce au Gulf-Stream, ses côtes, en Europe, ne sont prises par les glaces que cinq mois par an.

5. Océan Atlantique. — L'*Océan Atlantique* baigne l'Europe, à l'Ouest, du *Cap Nord* au *Détroit de Gibraltar*.

Il forme la *Baltique*, la *Mer du Nord*, la *Manche*, et le *Golfe de Gascogne*. Il baigne la *Péninsule Scandinave*, la presqu'île du Danemark et la *Péninsule Ibérique*. Il entoure l'*Islande* et les *Iles Britanniques* qui comprennent surtout la *Grande-Bretagne* et l'*Irlande*.

La Baltique baigne l'*Archipel Danois*.

La Mer du Nord communique avec la Baltique par les détroits du Danemark, et avec la Manche par le *Pas de Calais*.

6. Méditerranée. — La *Méditerranée* forme la *Mer de Toscane*, l'*Adriatique*, la *Mer Ionienne*, l'*Archipel*, la *Mer de Marmara*, la *Mer Noire* et la *Mer d'Azow*.

Elle baigne la *Péninsule Ibérique*, la *Péninsule Italique*, la *Péninsule des Balkans* et la *Presqu'île de Crimée*. Elle entoure les îles *Baléares*, la *Corse*, la *Sardaigne*, la *Sicile* et l'île de *Crète*.

La mer de Marmara communique avec l'Archipel par les *Dardanelles*, et avec la Mer Noire par le *Bosphore*.

7. Climat et Productions. — L'Europe est située dans la zone tempérée, aussi son *climat* est-il généralement *doux*, mais varié.

Le Sud de l'Europe a un *climat méditerranéen*, c'est-à-dire des étés chauds et secs et des hivers tièdes et pluvieux, avec averses rares mais abondantes. C'est le pays des arbres fruitiers : vignes, oliviers, orangers.

L'*Ouest* a *un climat océanique ou maritime*, c'est-à-dire doux et humide en tout temps. C'est le pays des prairies d'élevage et des cultures variées.

L'*Est* a un *climat continental*, c'est-à-dire des étés chauds et secs, et des hivers rudes et longs. C'est le pays des forêts et des céréales.

8. Cours d'eau. — L'Europe n'a pas d'aussi grands fleuves que les autres parties du monde, mais ils sont presque tous navigables.

a) Dans la Baltique s'écoulent le *Niémen*, la *Vistule* et l'*Oder ;* dans la Mer du Nord, l'*Elbe*, le *Rhin* et la *Meuse ;* dans la Manche, la *Seine ;* dans l'Atlantique, la *Loire*, la *Garonne* et le *Tage*.

b) Dans la Méditerranée, se jettent l'*Èbre*, le *Rhône* et le *Pô ;* dans la mer Noire, le *Danube*, le *Dniéper* et le *Don ;* dans la mer Caspienne, le *Volga* et l'*Oural*.

Questionnaire. — **1.** Quelles sont les bornes de l'Europe ? — Quelle est son étendue ? — **2.** Au point de vue du relief du sol, comment l'Europe est-elle divisée ? — Quel est le plus haut sommet des Alpes ? — Qu'alimentent les neiges et les glaciers de ces montagnes ? — Quelles sont les montagnes qui prolongent les Alpes à l'Ouest ? — ...au Sud-Est ? — ...à l'Est ? — ...au Nord-Est ? — Quelles sont les montagnes du pourtour de l'Europe ? — Nommez trois plateaux de l'Europe. — Quel est le relief de la Basse Europe ? — Où se trouve la plaine de Hongrie ? — **3.** Quel est le caractère du littoral de l'Europe ? — Comparez la profondeur des mers et la hauteur des côtes sur les rivages de la Basse et de la Haute Europe. — **4.** Quelle mer l'Océan Glacial forme-t-il ? — ...quelle côte baigne-t-il ? — **5.** Quels sont, au Nord et au Sud de l'Europe, les points extrêmes baignés par l'Atlantique ? — Quelles mers forme-t-il ? — Quelles péninsules baigne-t-il? — Quelles îles entoure-t-il ? — Comment la Mer du Nord communique-t-elle avec la Baltique ? — ...avec la Manche ? — **6.** Quelles mers la Méditerranée forme-t-elle ? — ...quelles péninsules baigne-t-elle ? — ...quelles îles entoure-t-elle ? — ...Comment la Mer de Marmara communique-t-elle avec la Mer Égée ? — ...avec la Mer Noire ? — **7.** Dans quelle zone l'Europe est-elle située ? — Quel est son climat général ? — Quel est le climat et quelles sont les productions du Sud de l'Europe ? — ...de l'Ouest ? — ...de l'Est ? — **8.** L'Europe a-t-elle de grands fleuves comme les autres parties du monde ? — *a*) Quels sont les fleuves qui s'écoulent dans la Baltique ? — ...dans la Mer du Nord ? — ...dans la Manche ? — ...dans l'Atlantique ? — *b*) Quels sont les fleuves qui se jettent dans la Méditerranée ? — ...dans la Mer Noire ? — ...dans la Caspienne ?

Devoir écrit. — 1. *Exercices* 32, 33, 34, 35, 38, 39, *du Cahier de Croquis.* — 2. *Nommez les fleuves qui descendent :* 1° *des Pyrénées,* 2° *du Massif Central,* 3° *des Alpes,* 4° *des Carpathes,* 5° *de l'Oural, et dites dans quelle mer ils se jettent.*

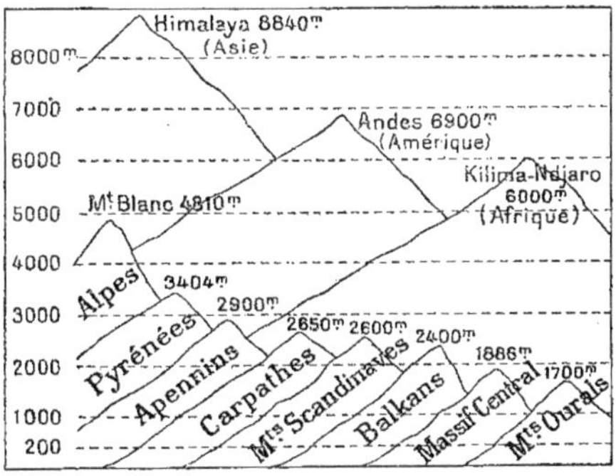

3. — **Hauteurs comparées des principales montagnes d'Europe et des plus hauts sommets du Globe.**

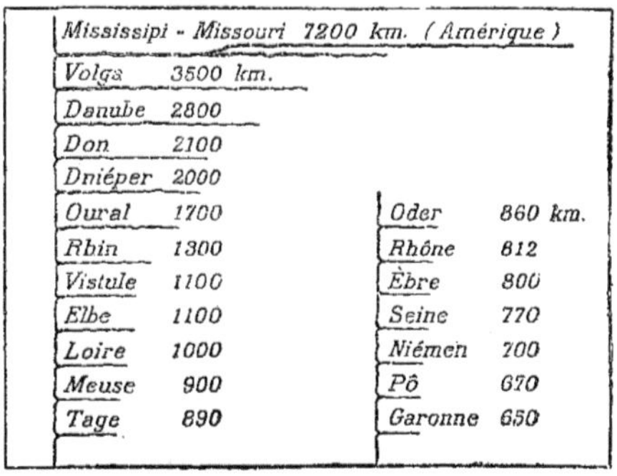

4. — **Longueurs comparées des principaux fleuves d'Europe et du Mississipi-Missouri, le plus long fleuve du Globe.**

14ᵉ Leçon. — L'EUROPE HUMAINE

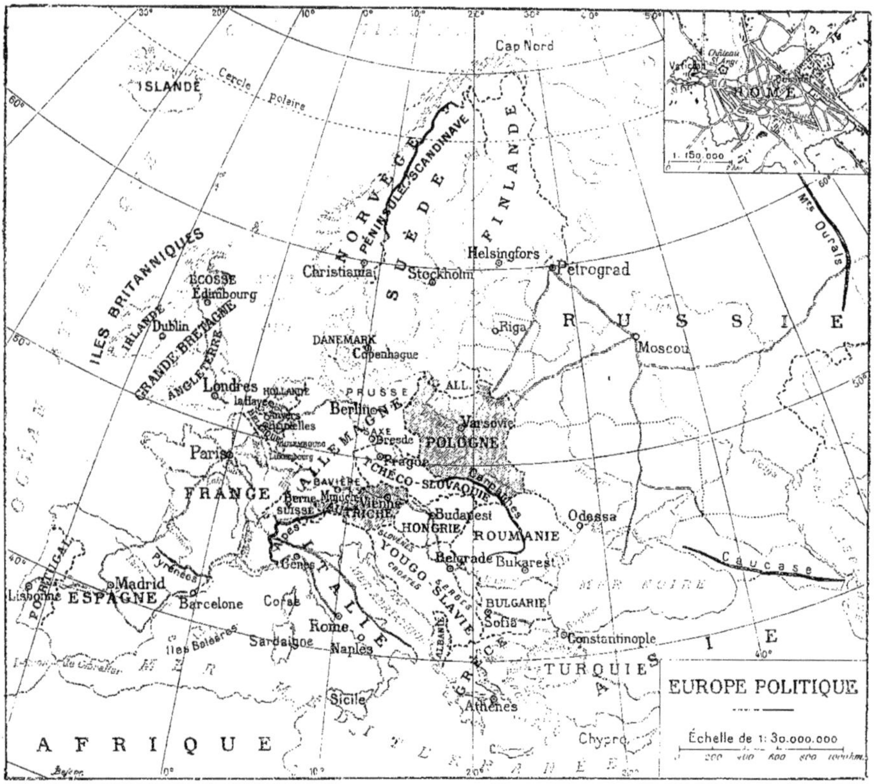

Exercice d'observation. — 1. *Consultez la carte ci-dessus et nommez les États que vous rencontrez en suivant les côtes de l'Atlantique, du Cap Nord au Détroit de Gibraltar.* — 2. *Même exercice : du Détroit de Gibraltar à la Mer Noire.* — 3. *Quels sont les États que vous n'avez pas nommés parce qu'ils ne touchent à aucune mer ?* — 4. *Quel est le plus grand État de l'Europe ?* — 5. *Nommez les États voisins de la France.* — 6. *Nommez les États voisins de la Hongrie.* — 7. *Nommez un État qui ne touche à aucun autre.*

Texte. — 1. Population. — L'Europe a 450 millions d'habitants. Comparativement à son étendue, elle est la plus peuplée des cinq parties du monde.

2. Races et Religions. — Les Européens appartiennent presque tous à la race blanche et à la religion chrétienne ; mais ils se divisent en trois grandes familles et professent trois cultes principaux :

a) Les **Gréco-Latins** (Français, Belges wallons, Espagnols, Portugais, Italiens, Grecs, Roumains) peuplent le Sud-Ouest et sont généralement catholiques.

b) Les **Germains** (Autrichiens, Allemands, Belges flamands, Hollandais, Scandinaves, Anglais) peuplent le Centre et le Nord, et sont généralement protestants.

c) Les **Slaves** peuplent l'Est : les Slaves occidentaux (Polonais, Tchèques, Slovaques, Slovènes et Croates) sont catholiques ; les Slaves orientaux (Russes et Serbes) sont schismatiques, ils ont pris le nom d'orthodoxes.

3. Divisions politiques. — L'Europe est divisée en trente-cinq États.

Parmi ces États, cinq sont beaucoup plus étendus, plus peuplés et plus puissants que les autres : ce sont les *cinq grandes puissances* ou *grands États européens* : la France, l'Angleterre, l'Italie, la Russie et l'Allemagne : les autres sont appelés *États secondaires* ou *petits États*.

4. États du Nord-Ouest. — L'Europe du Nord-Ouest compte sept États : la France, l'Angleterre, la Belgique, la Hollande, le Danemark, la Suède et la Norvège.

a) **La France**, capitale *Paris*. (*Leçons* 19ᵉ *à* 28ᵉ).

b) **L'Angleterre, ou Grande-Bretagne**, comprend l'ensemble des Iles Britanniques. Elle occupe la première place dans le monde pour l'importance de ses colonies, et le nombre de ses navires de guerre et de commerce. Son sous-sol est le plus riche de l'Europe en houille et en fer, aussi ses industries sont-elles très développées.

Sa capitale, *Londres*, est, après New-York, la plus grande ville et le premier port du monde. *Édimbourg* est l'ancienne capitale de l'Écosse.

L'Irlande, capitale *Dublin*, dépend de l'Angleterre, mais elle se gouverne librement.

c) La **Belgique,** capitale *Bruxelles*, est agricole et surtout industrielle à cause de ses abondantes mines de houille. Son port principal est *Anvers*.

d) La **Hollande** ou Pays-Bas, capitale *La Haye*, est agricole et commerçante. Elle a de riches colonies.

e) Le **Danemark,** capitale *Copenhague*, est un pays d'élevage.

f) La **Suède,** capitale *Stockholm*, est un pays de forêts et de prairies d'élevage.

g) La **Norvège,** capitale *Christiania*, est un pays de bûcherons, de pêcheurs et de marins.

5. États de l'Est. — L'Europe orientale comprend cinq États : la Finlande, la Russie et les trois États Baltes.

a) La **Finlande,** capitale *Helsingfors*, est un pays d'élevage.

b) La **Russie,** malgré la perte de plusieurs provinces qui s'en détachèrent à la suite de sa grande révolution, reste le plus vaste État de l'Europe. L'agriculture et l'élevage font sa richesse. Sa capitale est *Moscou*. *(Voir page 32, 1re image)*. Ses deux principales villes sont *Pétrograd*, l'ancienne capitale, sur la Baltique, et *Odessa*, port sur la Mer Noire.

c) Les **États Baltes** (Estonie, Lettonie et Lithuanie) sont forestiers et agricoles. *Riga*, capitale de l'Estonie, en est la principale ville.

6. L'Europe méridionale. — L'Europe méridionale comprend neuf États : la Roumanie, la Bulgarie, la Turquie, la Grèce, l'Albanie, la Yougo-Slavie, l'Italie, l'Espagne et le Portugal.

a) La **Roumanie,** capitale *Bukarest*.

b) La **Bulgarie,** capitale *Sofia*.

c) La **Turquie** est un État asiatique dont la capitale, *Constantinople*, est en Europe, sur le Bosphore. *(Voir, page 32, 4e image)*.

d) La **Grèce** a pour capitale *Athènes*, ville ancienne, célèbre par ses arts et son histoire. (*Voir, p.* 32, 2e *image*).

e) La **Yougo-Slavie,** capitale *Belgrade*, a été constituée, à la suite de la Grande Guerre, par l'union des Slaves du Sud : Serbes, Croates et Slovènes ; c'est un pays d'élevage.

f) L'**Italie** du Nord est surtout agricole ; celle du Sud jouit d'un beau climat qui attire beaucoup d'étrangers.

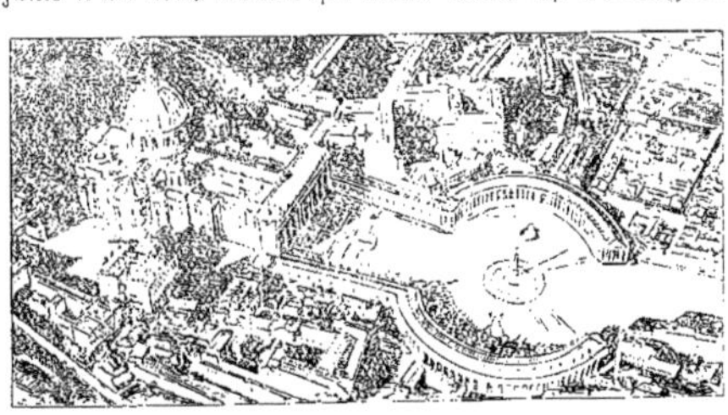

La Basilique Saint-Pierre de Rome vue en avion.

La Basilique Saint-Pierre de Rome est la plus vaste église du monde ; elle renferme le tombeau de l'apôtre saint Pierre. La place qui la précède est entourée d'une immense colonnade circulaire et bordée, sur sa droite en regardant la Basilique, par le Palais du Vatican, résidence du Souverain Pontife. C'est sur le fond sombre des jardins du Vatican que se détache ici, en blanc, le dôme de la Basilique.

Rome, la ville la plus célèbre de l'univers par ses monuments et son histoire, est la capitale de l'Italie ; elle est aussi la capitale du catholicisme, puisque son chef, Notre Saint-Père le Pape, y réside.

Naples est la plus grande ville et *Gênes*, le principal port de l'Italie. *(Voir, page 32, 3e image.)*

g) L'**Espagne,** capitale *Madrid*, a pour port principal *Barcelone*.

h) Le **Portugal,** capitale *Lisbonne*.

7. Europe centrale. — L'Europe centrale comprend sept États : la Suisse, l'Autriche, la **Hongrie,** la Tchéco-Slovaquie, la Pologne, l'Allemagne et le Grand-Duché de Luxembourg.

a) La **Suisse,** capitale *Berne*, est très pittoresque : c'est le pays du tourisme.

b) L'**Autriche,** capitale *Vienne*, est un État huit fois moins important qu'avant la Grande Guerre : les peuples qu'elle englobait dans son empire se sont séparés d'elle.

c) La **Hongrie,** capitale *Budapest*, est un pays d'agriculture et d'élevage.

d) La **Tchéco-Slovaquie,** capitale *Prague*, fut détachée de l'Autriche à la suite de la Grande Guerre.

e) La **Pologne,** capitale *Varsovie*, a reconquis, à la suite de la Grande Guerre, l'indépendance qu'elle avait perdue vers la fin du XVIIIe siècle ; c'est un pays agricole et industriel.

f) L'**Allemagne** est une république fédérative dont la capitale est *Berlin*, en Prusse. Les autres États fédérés importants sont : la *Saxe*, capitale *Dresde*, et la *Bavière*, capitale *Munich*.

L'Allemagne est un pays assez pauvre en agriculture, mais très industriel, surtout en Saxe et dans la vallée du Rhin, grâce aux mines abondantes de houille.

g) Le **Grand-Duché de Luxembourg,** capitale *Luxembourg*.

Questionnaire. — **1.** Combien l'Europe a-t-elle d'habitants ? — Est-elle plus peuplée que les autres parties du monde ? — **2.** A quelle race et à quelle religion appartiennent les Européens ? — Indiquez les peuples formés, les régions habitées et la religion pratiquée : *a)* par les Latins ; — *b)* par les Germains ; — *c)* par les Slaves. — **3.** En combien d'États est divisée l'Europe ? — Que savez-vous des grands États ? — Comment nomme-t-on les autres États ? — **4.** Quels États comprend l'Europe du Nord-Ouest ? — *a)* Quelle est la capitale de la France ? — *b)* Quelles îles l'Angleterre ou Grande-Bretagne comprend-elle ? — Quelle place occupe-t-elle dans le monde par ses colonies et le nombre de ses navires ? — Quelles sont les richesses de son sous-sol ? — Quelles sont les conséquences de cette richesse ? — Que savez-vous de sa capitale et d'une autre de ses villes ? — Que savez-vous de l'Irlande ? — *c)* Nommez la capitale de la Belgique. — Quelle est sa richesse économique ? — Nommez son principal port. — *d)* Que savez-vous de la Hollande, de son agriculture, de son commerce, de ses colonies ? — Quels sont les produits *e)* du Danemark ? — *f)* ...de la Suède ? — Quelle est l'occupation principale des habitants de la Norvège ? — **5.** Quels États comprend l'Europe orientale ? — *a)* Que produit la Finlande ? — *b)* Quelle est l'étendue de la Russie comparée aux autres États européens ? — Quelle est sa richesse ? — Nommez sa capitale et ses deux principales villes. — *c)* Que savez-vous des États Baltes ? — **6.** Quels États comprend l'Europe méridionale ? — Quelle est la capitale : *a)* de la Roumanie ? — *b)* de la Bulgarie ? — *c)* Que savez-vous de la Turquie ? — *d)* ...de la capitale de la Grèce ? — *e)* ...de la Yougo-Slavie ? — *f)* ...de l'Italie septentrionale ? — ...de l'Italie méridionale. — ...de Rome ? — Nommez la plus grande ville et le principal port de l'Italie. — *g)* Quelle est la capitale et le principal port de l'Espagne ? — *h)* Quelle est la capitale du Portugal ? — **7.** Quels États comprend l'Europe centrale ? — *a)* Quel est l'aspect et la richesse de la Suisse ? — *b)* Que savez-vous de l'Autriche ? — *c)* Quelle est la richesse de la Hongrie ? — *d)* Que savez-vous de la Tchéco-Slovaquie ? — *e)* Depuis quand la Pologne est-elle redevenue libre ? — Quelle est sa richesse ? — *f)* Quelle est la forme de gouvernement de l'Allemagne ? — Quelle est sa capitale ? — Nommez deux autres États fédérés importants, avec leur capitale. — *g)* Quelle est la capitale du Grand-Duché de Luxembourg ?

Devoir écrit. — 1. *Exercices 40 et 41 du Cahier de Croquis ?* *2. Faites le tour des côtes de l'Europe, de l'Océan Glacial à la Mer Noire et nommez les États que vous longez.* — *2. Quels sont les États de l'Europe qui ne touchent à aucune mer ?*

15e Leçon. — L'ASIE

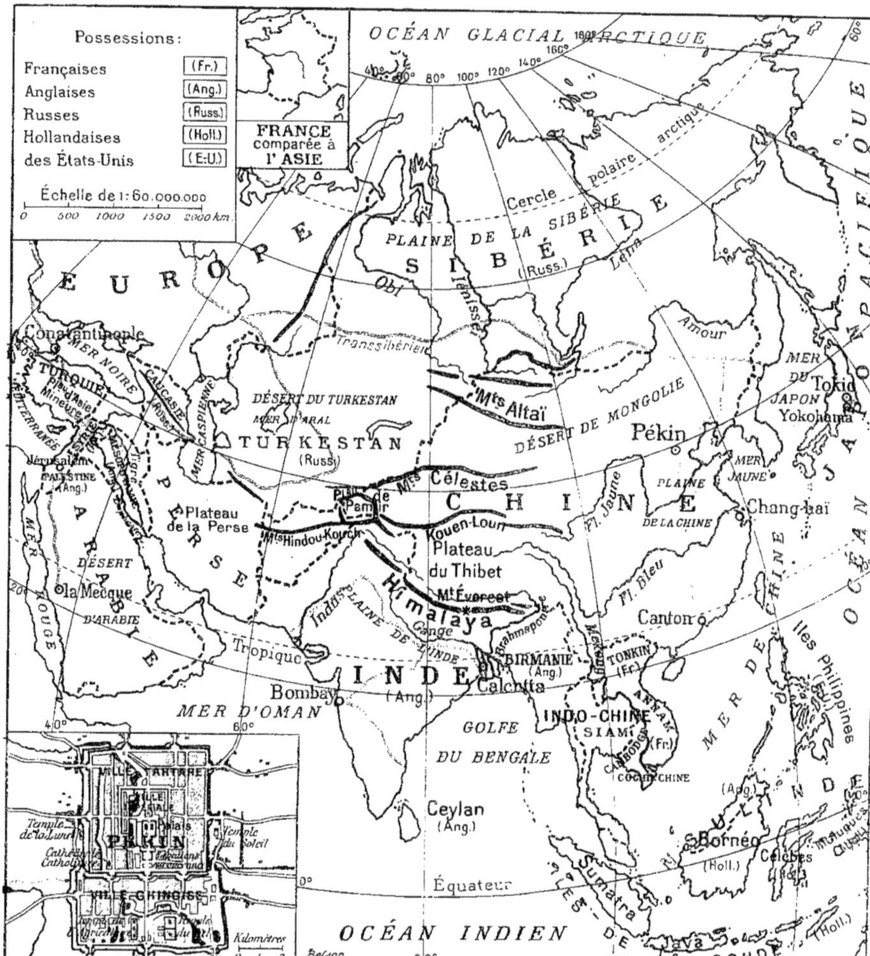

Exercice d'observation. *1. Nommez, en consultant la carte, les Océans et les Mers qui entourent l'Asie. — 2. Comment appelle-t-on les deux grands archipels du Sud-Est et de l'Est de l'Asie ? — 3. Nommez trois grandes presqu'îles du Sud de l'Asie. — 4. Lisez le nom des montagnes, des plateaux et des plaines de l'Asie. — 5. Lisez le nom des fleuves de l'Asie, et dites dans quel Océan ou dans quelle mer ils se jettent. — 6. Nommez les trois plus vastes pays de l'Asie. 7. Nommez les contrées de l'Asie traversées par le cercle polaire. — ...par le tropique. — ...par l'Équateur. — 8. Lisez les noms écrits sur le profil du relief de l'Asie. — Quelle est la plus haute montagne qui y est indiquée ? — 9. Lisez la légende placée sous la 2e image.*

Texte. — 1. Situation et étendue. — L'Asie occupe le Nord-Est de l'Ancien Continent. Elle est *bornée :* au Nord, par l'Océan Glacial Arctique ; à l'Est, par l'Océan Pacifique ; au Sud, par l'Océan Indien ; à l'Ouest par la Méditerranée et l'Europe.

L'Asie est la plus vaste des cinq parties du monde. Son étendue égale plus de quatre fois celle de l'Europe.

2. Mers et Côtes. — *a)* **L'Océan Glacial Arctique**, au Nord, borde une côte presque toujours gelée.

b) **L'Océan Pacifique**, à l'Est, forme la *Mer du Japon*, la *Mer Jaune* et la *Mer de Chine*. Il entoure les archipels du *Japon* et de l'*Insulinde*.

c) **L'Océan Indien**, au Sud, forme le *Golfe de Bengale*, la *Mer d'Oman* et la *Mer Rouge*. Il baigne trois grandes presqu'îles : l'*Indo-Chine*, l'*Inde* et l'*Arabie*.

d) La *Méditerranée*, à l'Ouest, forme la *Mer Noire* et baigne la presqu'île d'*Asie Mineure*.

e) La *Mer d'Aral* et la *Caspienne* sont des mers fermées.

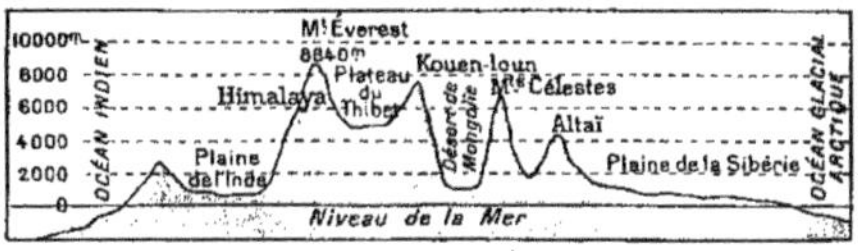

1. — **Profil du relief de l'Asie du Sud au Nord.**

3. Relief du sol. — Au centre de l'Asie s'élève le haut *Plateau de Pamir*, appelé le Toit du monde, à cause de ses 5.000 mètres d'altitude. De là se détachent la plupart des chaînes et des plateaux de l'Asie :

a) Au Sud-Est, l'*Himalaya*, avec le pic *Everest*, le plus haut sommet du globe, 8.840 mètres, et le *Kouen-Loun* qui entourent le haut et vaste *Plateau du Thibet*.

b) Au Nord-Est, les *Monts Célestes* et l'*Altaï*.

c) A l'Ouest, l'*Hindou-Kouch* prolongé par les *Plateaux de la Perse* et de l'*Asie Mineure*.

Au pied de ces montagnes et de ces plateaux s'étendent de *vastes plaines* : au Nord, l'*immense plaine de la Sibérie*; à l'Est et au Sud, *celles de la Chine et de l'Inde*.

4. Climat et Productions naturelles. — L'Asie s'étend de l'Équateur jusqu'aux environs du Pôle; aussi a-t-elle tous les climats, et, par suite, des productions végétales et animales très variées.

a) Le Nord est une immense plaine au *climat glacial* où se succèdent, suivant la latitude, trois zones de végétation : d'abord la *toundra*, vaste plaine marécageuse et glacée, couverte, par endroits, des mousses et des lichens dont se nourrissent les rennes ; puis la *forêt*, où l'on chasse les animaux à fourrure ; enfin la *steppe*, propre à la culture des céréales et à l'élevage.

b) Le Centre, éloigné de toute influence marine, a un *climat continental*, excessif et très sec : aussi l'Arabie, la Perse, le Turkestan, la Mongolie et le Thibet sont-ils, en grande partie, de vastes *déserts*. La végétation ne se rencontre que dans les oasis et dans les terres irriguées.

c) Le Sud a un *climat tropical* : les chaleurs sont toujours fortes, et les pluies très abondantes la moitié de l'année. C'est le pays des forêts et des *jungles*, aux grandes herbes, où vivent les *éléphants* et les *tigres*.

5. Cours d'eau. — La plupart des fleuves de l'Asie rayonnent des hauts plateaux du centre vers les trois Océans qui la baignent.

a) Les fleuves du Nord restent gelés la plus grande partie de l'année. Ils portent leurs eaux à l'Océan Glacial Arctique. Ce sont : l'*Obi*, l'*Iénisséi* et la *Léna*.

b) Les fleuves de l'Est et du Sud sont abondants et généralement navigables : dans l'Océan Pacifique se jettent l'*Amour*, le *Fleuve Jaune*, le *Fleuve Bleu* et le *Mékong*. Dans l'Océan Indien : le *Brahmapoutre*, le *Gange*, l'*Indus*, le *Tigre* et l'*Euphrate*.

6. Population et races. — L'Asie compte 860 millions d'habitants ; c'est la *moitié de la population du globe*. La race blanche occupe le Sud-Ouest de l'Asie ; tout le reste est peuplé par la race jaune.

7. États indépendants. — L'Asie compte six États indépendants ; trois à l'est : le Japon, la Chine et le Siam, et trois à l'ouest : la Perse, l'Arabie et la Turquie.

a) Le **Japon** est un archipel montagneux. Sa capitale est *Tokio*, et son principal port, *Yokohama*. Il produit beaucoup de thé, de riz et de soie.

b) **La Chine** est presque aussi peuplée que l'Europe. La capitale est *Pékin* *(Voir 1re image, p. 33)* ; les principales villes sont les ports de *Changhaï* et de *Canton*. La Chine produit beaucoup de thé, de riz et de soie.

c) **L'Arabie** a pour capitale *la Mecque*, la ville sainte des musulmans. *(Voir 2e image, page 33)*. Les petits chevaux arabes sont très renommés.

d) **La Turquie** capitale *Constantinople*, sur la rive européenne du Bosphore, comprend l'Asie-Mineure.

8. Possessions étrangères. — Plus de la moitié de l'Asie appartient aux étrangers, surtout à la Russie, à l'Angleterre, à la France, à la Hollande et aux États-Unis.

a) Les **possessions russes** sont les plus vastes mais les moins riches ; elles comprennent la **Sibérie**, le **Turkestan** et la **Caucasie**. Une longue voie ferrée, le *Transsibérien*, relie l'Europe au Pacifique, à travers la Sibérie.

b) Les **possessions anglaises** sont fort riches et très peuplées. Elles comprennent l'**Inde**, la **Birmanie** et la grande île de **Ceylan**. Les deux grandes villes de l'Inde sont les ports de *Calcutta* et de *Bombay*. L'Inde produit beaucoup de coton et de céréales, qu'elle vend à l'Europe. La **Mésopotamie** et la **Palestine** avec Jérusalem, la ville sainte des chrétiens, sont sous l'influence anglaise.

c) Les **possessions françaises** s'étendent sur l'**Indo-Chine** orientale. Elles comprennent le **Tonkin**, l'**Annam**, la **Cochinchine**, le **Cambodge** et le **Laos**. La **Syrie** est sous l'influence française.

d) Les **Hollandais** possèdent la plus grande partie de l'**Insulinde** : les *Iles de la Sonde*, c'est-à-dire **Sumatra** et **Java**, presque tout **Bornéo**, **Célèbes** et les **Moluques**. Ces îles ont un climat équatorial ; elles produisent du sucre, du café et des épices *(Voir 2e image)*.

e) Les **États-Unis** sont maîtres des **Philippines**.

Questionnaire. — 1. Où est située l'Asie ? — Par quoi est-elle bornée ? — Quelle est son étendue ? — 2. *a*) Qu'est-ce qui distingue les côtes de l'Océan Arctique ? — *b*) Quelles mers l'Océan Pacifique forme-t-il ? — Quels archipels entoure-t-il ? — *c*) Quelles mers ou quels golfes l'Océan Indien forme-t-il ? — Quelles presqu'îles entoure-t-il ? — *d*) Nommez la mer formée par la Méditerranée et la presqu'île qu'elle baigne. — *e*) Nommez deux mers intérieures de l'Asie. — 3. Quelle région occupe le centre de l'Asie ? — Quelles sont les montagnes qui se détachent du Pamir ? — *a*) ...au Sud-Est? — *b*) ...au Nord-Est? — *c*) ...à l'Ouest? — Quelles sont les grandes plaines de l'Asie ? — 4. Pourquoi l'Asie a-t-elle des climats et des productions très variés ? — Quel est le climat et quelles sont les productions de l'Asie : *a*) au Nord ? — *b*) ...au Centre ? — *c*) ...au Sud ? — 5. D'où descendent la plupart de fleuves de l'Asie ? — *a*) Que savez-vous des fleuves qui coulent vers le Nord? — *b*) ...de ceux de l'Est et du Sud? — 6. Quelle est la population de l'Asie? — A quelle race appartient-elle? — 7. Quels sont les Etats indépendants de l'Asie ? — *a*) Que savez-vous du Japon ? — *b*) ...de la Chine ? — ...*c*) de l'Arabie ? — *d*) ...de la Turquie ? — 8. Quels sont les peuples qui ont des possessions en Asie? — Quelles sont les possessions : *a*) des Russes ? — *b*) ...des Anglais? — *c*) ...des Français? — *d*) ...des Hollandais ? — *e*) ...des Etats-Unis ?

Devoir écrit. — 1. *Exercices 42 et 43 du Cahier de Croquis.* — 2. *Quels produits pourrait rapporter un navire qui ferait escale au Japon ? — ...en Chine ? — ...en Insulinde ? — ...dans l'Inde ?*

2. — **Épices ou aromates.**

Les principales épices employées pour aromatiser les aliments sont : le clou de girofle, bouton de fleur du giroflier ; le poivre, petite graine du poivrier ; la noix muscade, fruit du muscadier ; la cannelle, écorce du cannelier.

16ᵉ Leçon. — L'AFRIQUE

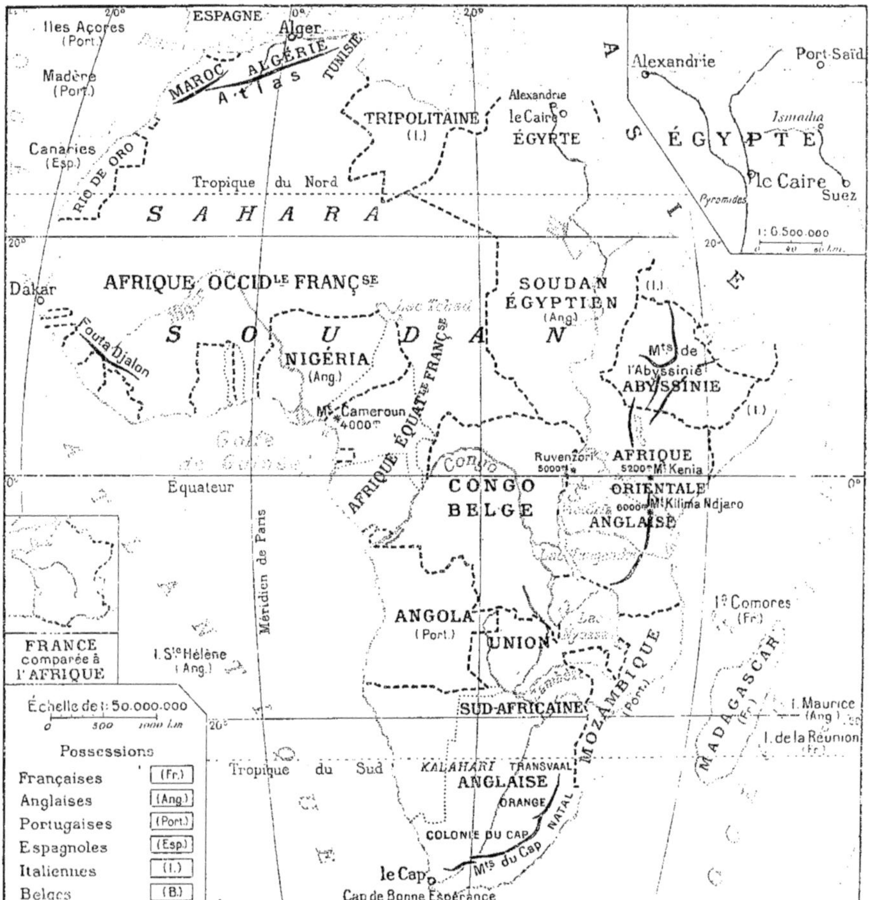

Exercice d'observation. — 1. *En consultant la carte, dites quels sont les Océans et les Mers qui entourent l'Afrique.* — 2. *Quel est le pays voisin de l'Afrique, au Nord ? — ...au Nord-Est ?* — 3. *Lisez le nom des montagnes de l'Afrique.* — 4. *Quels sont les fleuves de l'Afrique ? — ...dans quel Océan ou quelle mer se jettent-ils ?* — 5. *Nommez les lacs de l'Afrique ?* — 6. *D'après la légende relative aux couleurs employées sur cette carte, dites quels sont les deux Etats européens qui ont le plus de possessions en Afrique.* — 7. *Nommez les pays traversés par l'Equateur ? — ...par le Tropique du Nord ? — ...par le Tropique du Sud ? — ...par le Méridien de Paris ?*

Texte. — **1. Situation et étendue.** — L'Afrique est une vaste presqu'ile, rattachée à l'Asie par l'*Isthme de Suez*, qu'on a coupé par un canal *(Voir 2ᵉ image).*

Elle est trois fois plus grande que l'Europe, dont elle est séparée par la Méditerranée.

2. Bornes et mers. — L'Afrique est bornée : au Nord, depuis l'*Isthme de Suez* jusqu'au *Détroit de Gibraltar*, par la Méditerranée ; à l'Ouest, depuis le Détroit de Gibraltar jusqu'au *Cap de Bonne-Espérance*, par l'Océan Atlantique, qui forme le *Golfe de Guinée* et baigne les *Açores*, l'île *Madère*, les *Canaries* et *Sainte-Hélène* ; à l'Est, depuis le Cap de Bonne-Espérance jusqu'à l'Isthme de Suez, par l'*Océan Indien*, qui forme la *Mer Rouge* et baigne la grande île de *Madagascar*, les *Comores*, la *Réunion* et *Maurice*.

3. Relief du sol. — L'Afrique est un immense plateau bordé de montagnes *(voir 1ʳᵉ image)*. Les principales sont : au Nord, l'*Atlas* ; à l'Est, les *Monts de l'Abyssinie*, et le Massif des Grands Lacs dominé par le *Kénia*, le *Kilima-Ndjaro* et le *Ruvenzori* ; au Sud, les *Monts du Cap* ; à l'Ouest, le *Cameroun* et le *Fouta-Djalon*.

4. Climat et productions. — L'Afrique est *partout très*

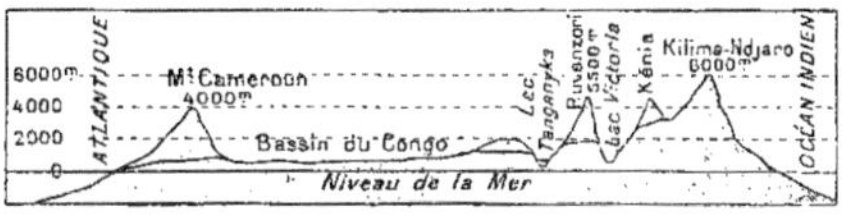

1. — Profil du relief de l'Afrique, de l'Ouest à l'Est.

chaude, car l'Équateur la traverse en son milieu et elle touche à peine aux zones tempérées. C'est la répartition des pluies qui modifie son climat et ses productions :

a) Au Centre, dans la *zone équatoriale*, les chaleurs et les pluies sont fortes et constantes : c'est le pays des *forêts vierges*, où abondent les *singes* et les *serpents*.

b) De *chaque côté de la zone équatoriale*, s'étendent les *deux zones tropicales*. La chaleur y est toujours très forte, mais les pluies diminuent à mesure qu'on s'éloigne de l'Équateur : ce sont des régions de *savanes*, où vivent les *éléphants*, les *rhinocéros*, les *hippopotames*, les *girafes* et les *lions*.

c) Au delà des zones tropicales, s'étendent les *régions désertiques du Sahara* au Nord et du *Kalahari* au Sud. La chaleur y est variable, mais la sécheresse constante. Le *chameau* est à peu près le seul animal remarquable qui puisse vivre dans ces régions, où ne croissent que quelques touffes d'herbes dures. Autour des sources, dans les oasis, la végétation est puissante, on y cultive surtout des *dattiers*.

d) Après les zones désertiques, viennent les *régions tempérées chaudes* de l'*Atlas*, au Nord, et du *Cap* au Sud. Elles produisent des *céréales* et des *fruits* ; on y élève des *chevaux*, des *bœufs* et des *moutons*.

5. Cours d'eau. — Les fleuves de l'Afrique sont généralement coupés de chutes ou de rapides qui se forment à la descente des plateaux ou pendant la traversée des chaînes bordières. Les principaux sont le *Niger*, le *Congo*, le *Zambèze* et le *Nil*.

a) Le **Niger** descend du Fouta-Djalon et se jette dans le golfe de Guinée.

b) Le **Congo** reçoit les eaux du lac *Tanganika* et débouche dans l'Atlantique. C'est, après l'Amazone, le plus puissant fleuve du monde.

c) Le **Zambèze** déverse les eaux du lac Nyassa et finit dans l'Océan Indien.

d) Le **Nil** sort du lac **Victoria**, coule vers le Nord, fertilise l'Égypte par ses inondations régulières et finit à la Méditerranée par un vaste delta. C'est le plus long fleuve du monde après le Mississipi-Missouri.

e) Le **Tchad** est un lac intérieur, sans communication avec l'Océan.

6. Population, races et religions. — L'Afrique est peuplée d'environ 150 millions d'habitants, appartenant surtout à la race noire.

Les régions les plus chaudes, au Centre et au Sud, sont occupées par des nègres, en général sauvages et païens.

Dans les régions moins chaudes du Nord et de l'Est, vivent des peuples de race blanche, en majorité musulmans : des Berbères agriculteurs et des Arabes pasteurs.

Des colons européens se sont établis dans les régions tempérées : au Nord, des Français, des Italiens et des Espagnols ; au Sud, des Anglais, et des Hollandais appelés Boers *(prononcez bours)*. Ils ont conservé la langue et la religion de leur pays d'origine.

7. Partage politique. — A part l'**Égypte** et l'**Abyssinie**, au Nord-Est, et la **République de Libéria**, à l'Ouest, qui forment des États indépendants, toute l'Afrique appartient aux Européens, surtout aux Français et aux Anglais.

L'Égypte a pour capitale *le Caire (Voir 5e image p. 32)*. Sa principale ville, *Alexandrie*, est le plus grand port de l'Afrique.

a) La *France* domine au Nord et à l'Ouest. Elle possède : 1° au Nord, l'**Algérie**, la **Tunisie**, le **Maroc**, et une grande partie du **Sahara** ; 2° à l'Ouest, l'**Afrique occidentale française** comprenant une grande partie du **Soudan**, capitale *Dakar*, et l'**Afrique équatoriale française** qui s'étend du Tchad au Congo ; 3° à l'Est, la grande île de **Madagascar**, les **Comores** et la **Réunion**.

b) L'*Angleterre* domine à l'Est et au Sud. Elle possède : 1° Le **Soudan égyptien** et l'**Afrique orientale anglaise**, dans la région des grands lacs. 2° **L'Union sud-africaine**, confédération de quatre États : la Colonie du **Cap**, capitale *le Cap ;* le **Natal**, l'**Orange** et le **Transvaal**, riches en or et en diamants. 3° **La Nigéria**, sur le Golfe de Guinée.

c) Le *Portugal* possède les **Açores** et l'île **Madère**, l'**Angola** et le **Mozambique** ; l'*Espagne* possède les **Canaries** et le **Rio de Oro**, sur la côte du Sahara ; à l'*Italie*, appartient la **Tripolitaine**, et à la *Belgique*, presque tout **le bassin du Congo.**

Questionnaire. — 1. Par quoi l'Afrique est-elle rattachée à l'Asie? — Quelle est l'étendue de l'Afrique? — 2. Quels sont les océans et les mers qui la bornent ? — Quels sont les golfes formés et les îles baignées ? — 3. Quel est le relief de l'Afrique ? — Nommez les principales montagnes ? — 4. Pourquoi l'Afrique est-elle très chaude ? Qu'est-ce qui modifie son climat et ses productions ? — Quel est le climat et quelles sont les productions de l'Afrique ? — *a)* au Centre ?... — *b)* ...de chaque côté de la zone équatoriale ? — ...*c)* au delà des zones tropicales ? — ... *d)* au delà des zones désertiques ? — 5. Qu'est-ce qui caractérise les fleuves de l'Afrique ? — Nommez les quatre principaux et décrivez-les. — Qu'est-ce que le Tchad ? — 6. Quelle est la population de l'Afrique? — Quelles races habitent les régions les plus étendues du Centre et du Sud ? — ...les régions moins chaudes du Nord et de l'Est? — Quels sont les peuples qui se sont établis dans les régions tempérées ? — 7. A qui appartient l'Afrique ? — Que savez-vous de l'Egypte ? — *a)* Où domine la France et quelles sont ses possessions ? — *b)* Où domine l'Angleterre et quelles sont ses possessions ? — Que possèdent en Afrique : le Portugal ? — ...l'Espagne ? — ...l'Italie ? — ...la Belgique ?

Devoir écrit. — 1. *Exercices 44 et 45 du Cahier de Croquis.* — 2. *Nommez les fleuves de l'Afrique et indiquez où ils prennent leur source, les principaux pays qu'ils traversent et les mers ou océans dans lesquels ils se jettent.*

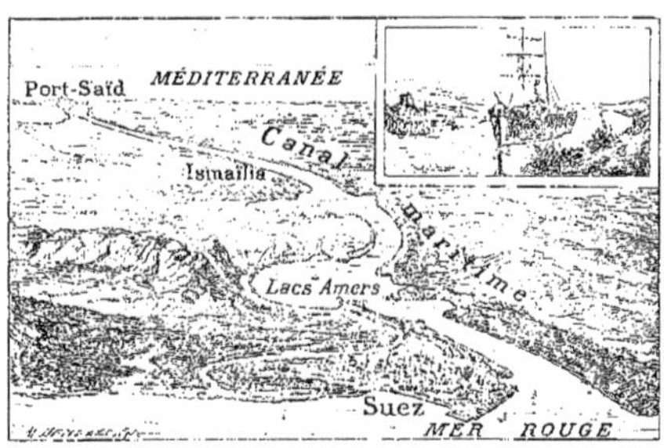

2. — Le Canal de Suez.

Ce canal a été ouvert à la navigation en 1869, après dix ans de travaux, dirigés par le Français Ferdinand de Lesseps. De Port-Saïd à Suez, il mesure 162 kilomètres ; sa largeur est de 100 mètres à la surface et de 22 mètres au fond ; la profondeur est de 10 mètres. Il traverse une région de lacs qu'on a utilisés, et de sables fins qui obligent à des dragages continuels pour maintenir la profondeur voulue. *(Voir l'image en haut et à droite.)* Treize gares ou stations ont été établies le long du canal, la principale est Ismaïlia au centre.

Ce canal fait communiquer la Méditerranée avec la mer Rouge et l'Océan Indien ; aux navires qui vont en Asie, il raccourcit la route d'environ 12.000 kilomètres et 30 jours de traversée.

17e Leçon. — L'AMÉRIQUE

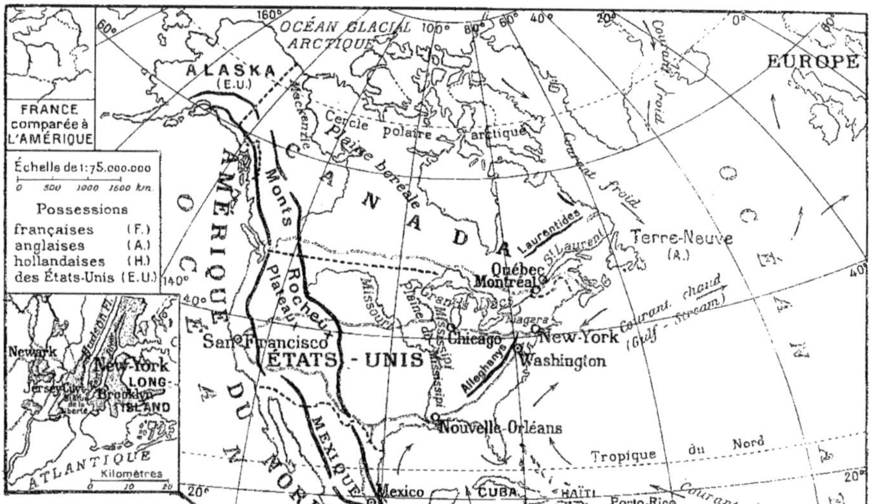

Exercice d'observation. — 1. *En consultant la carte, dites quels sont les Océans qui bornent l'Amérique.* — 2. *Comment nomme-t-on le courant marin qui va d'Amérique en Europe?* — 3. *Quelles sont les grandes divisions de l'Amérique?* — 4. *Quel est l'archipel situé entre les deux Amériques?* — 5. *Lisez le nom des fleuves de l'Amérique et indiquez la direction de leur cours.* — 6. *Quels sont les pays de l'Amérique qui touchent au Pacifique?* — *...à l'Atlantique?* — *...à la fois aux deux Océans Pacifique et Atlantique?* — *...ceux qui ne touchent à aucun Océan?* — 7. *En vous servant des coupes du relief ci-contre, indiquez les accidents de terrain de l'Amérique du Nord et de l'Amérique du Sud?*

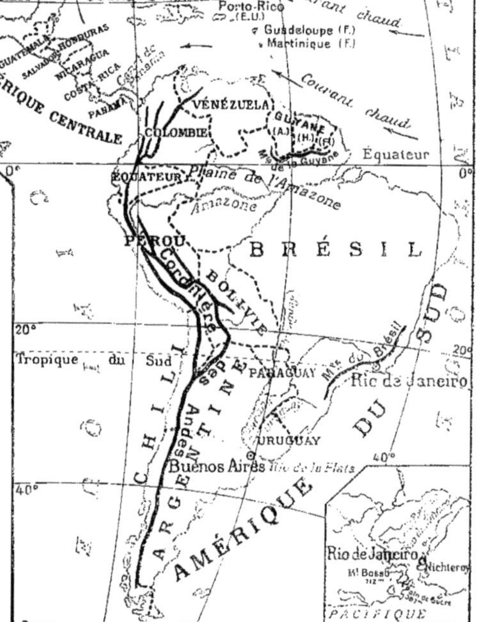

Texte. — **1. Noms.** — L'*Amérique* est aussi appelée *Nouveau-Monde*, parce qu'elle n'a été découverte qu'en 1492, par Christophe Colomb.

2. Bornes et étendue. — L'Amérique s'étend de l'*Océan Glacial Arctique* à l'*Océan Glacial Antarctique*, entre l'Océan *Atlantique et l'Océan Pacifique.* Elle est quatre fois plus étendue que l'Europe.

3. Divisions. — L'Amérique comprend quatre parties : l'*Amérique du Nord* et l'*Amérique du Sud* réunies entre elles par une suite d'isthmes formant l'*Amérique Centrale ;* enfin, le grand archipel des *Antilles.*

4. Relief. — L'Amérique du Nord comprend les immenses *plaines boréales* et celles du *Mississipi* bordées, à l'Est, par les *Laurentides* et les *Alleghanys*, et à l'Ouest, par l'énorme chaîne des *Monts Rocheux* qui supporte de grands plateaux déserts. Le relief de l'Amérique du Sud ressemble à celui de l'Amérique du Nord. Il est formé de la *vaste plaine de l'Amazone*, bordée, au Nord-Est, par les *Monts de la Guyane* ; au Sud-Est par les *Monts du Brésil*, et à l'Ouest par la *haute chaîne de la Cordillère des Andes.*

5. Cours d'eau. — Les immenses plaines de l'Amérique du Nord sont traversées par trois grands fleuves : le *Mackenzie*, le *Saint-Laurent* et le *Mississipi.*

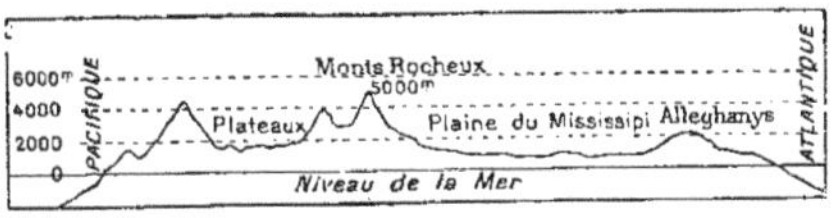

1. — Relief de l'Amérique du Nord.

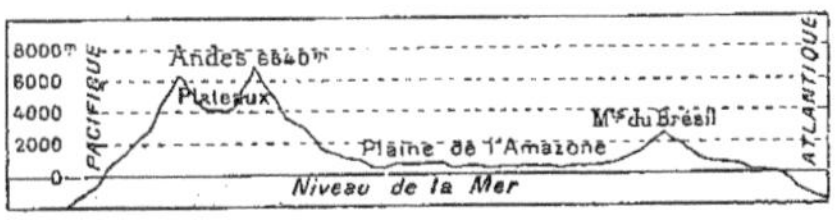

2. — Relief de l'Amérique du Sud.

Le *Mackenzie* descend des Monts Rocheux, coule vers le Nord, et se termine dans l'Océan Glacial Arctique.

Le *Saint-Laurent* sert de déversoir à cinq grands lacs américains, forme la célèbre cataracte du Niagara et se termine à l'Atlantique. *(Voir 3e image, p. 33).*

Le *Missisipi* coule vers le Sud et forme, avec son affluent, le *Missouri*, le plus long fleuve du monde : il a plus de sept fois la longueur de la Loire. *(Voir 4e gravure p. 23).*

La vaste plaine de l'Amérique du Sud est sillonnée par deux grands fleuves : l'*Amazone* et la *Plata*.

L'*Amazone* est le premier fleuve du monde pour l'étendue de son bassin (treize fois la superficie de la France) et le volume de ses eaux. Il descend de la Cordillère des Andes, coule vers l'Est, et se jette dans l'Atlantique.

Le *Rio de la Plata* est un vaste estuaire formé par l'Uruguay et le Parana grossi du Paraguay.

6. Population et races. — L'Amérique est peuplée de 200 *millions* d'habitants, en majorité d'origine européenne.

L'Amérique du Nord a été peuplée surtout par les Anglais ; cependant, les Français y forment un groupe important. La langue anglaise et le protestantisme y dominent, mais la langue française et le catholicisme ont de nombreux représentants au Canada.

Le Mexique, l'Amérique Centrale, les Antilles et l'Amérique du Sud ont été peuplés surtout par les *Espagnols*. La langue espagnole et le catholicisme y dominent.

Il y a de plus, en Amérique, des *nègres* descendants des esclaves emmenés d'Afrique, et des *Peaux-Rouges* ou *Indiens*, anciens habitants du pays.

7. États. — I. L'Amérique du Nord comprend trois grands États : le *Canada*, les *États-Unis* et le *Mexique*.

a) Le *Canada* dépend de l'Angleterre, mais se gouverne librement. Ses deux villes principales sont *Montréal* et *Québec*, sur le Saint-Laurent *(Voir 4e image, p. 33).* Le Canada produit beaucoup de bois, de fourrures et de céréales.

L'île de *Terre-Neuve* appartient aux Anglais.

b) La grande république des *États-Unis* est aussi étendue que l'Europe et compte 106 millions d'habitants. La capitale est *Washington*. Les principales villes sont : *New-York*, le premier port du monde, sur l'Atlantique ; *Chicago*, sur les Grands-Lacs ; la *Nouvelle-Orléans*, sur le delta du Missisipi ; *San Francisco*, sur le Pacifique.

Les États-Unis produisent beaucoup de céréales et de coton ; élèvent d'immenses troupeaux de bœufs, de moutons et de porcs ; et possèdent d'abondantes mines d'or, d'argent, de fer, de houille et de pétrole.

L'*Alaska* appartient aux États-Unis.

c) Le *Mexique*, capitale *Mexico*, a des mines d'argent.

II. L'*Amérique Centrale* est formée d'une suite d'isthmes dont le plus étroit, celui de Panama, a été coupé par un canal qui abrège considérablement la navigation entre l'Atlantique et le Pacifique. *(Voir 5e image, p. 33).* Elle comprend les États-Unis de l'Amérique Centrale (*Guatémala, Salvador, Honduras, Nicaragua, Costa-Rica* et *Panama*).

III. Les *Antilles* forment un grand archipel comprenant deux îles indépendantes : *Cuba* et *Haïti*, et des colonies : *Porto-Rico* appartient aux États-Unis ; *la Guadeloupe* et *la Martinique*, à la France.

IV. L'*Amérique du Sud* comprend trois colonies européennes : la *Guyane Anglaise*, la *Guyane Hollandaise* et la *Guyane Française*, et dix républiques : cinq dans les plaines orientales, le *Vénézuéla*, le *Brésil*, le *Paraguay*, l'*Uruguay* et l'*Argentine* ; et cinq dans la région montagneuse des Andes : la *Colombie*, l'*Équateur*, le *Pérou*, la *Bolivie* et le *Chili*.

a) Le *Brésil*, capitale *Rio de Janeiro (Voir 3e image)*, produit plus de la moitié du café consommé dans le monde.

b) L'*Argentine*, capitale *Buenos-Aires*, élève d'immenses troupeaux de bœufs et de moutons.

Questionnaire. — 1. Quel autre nom donne-t-on encore à l'Amérique ? — 2. Où est située l'Amérique ? — Quelles sont ses bornes ? — Quelle est son étendue ? — 3. Quelles sont ses grandes divisions ? — 4. Que savez-vous du relief de l'Amérique du Nord ? — ...de celui de l'Amérique du Sud ? — 5. Nommez trois grands fleuves de l'Amérique du Nord. — Que savez-vous du Mackenzie ? — ...du Saint-Laurent ? — ...du Missisipi ? — Quels sont les grands fleuves de l'Amérique du Sud ? — Que savez-vous de l'Amazone ? — ...du Rio de la Plata ? — 6. Quelle est la population de l'Amérique ? — Par qui l'Amérique du Nord a-t-elle été peuplée? — Quelle langue et quelle religion y dominent? — Par qui a été peuplé le reste de l'Amérique ? — Quelle langue et quelle religion y dominent ? — Quelles autres races habitent encore en Amérique? — 7. I. Nommez les grands États de l'Amérique du Nord. — *a)* De qui dépend le Canada ? — Quelles sont ses principales villes ? — Que produit-il ? — A qui appartient Terre-Neuve ? — *b)* Quelle est l'étendue et la population des États-Unis ? — Quelle en est la capitale ? — Nommez-en les principales villes. — ...quelques productions. — A qui appartient l'Alaska ? — *c)* Nommez la capitale et citez quelques produits du Mexique. — II. De quoi est formée l'Amérique Centrale? — Quelle est l'utilité du canal de Panama ? — Quelles sont les républiques de l'Amérique centrale? — III. Que comprennent les Antilles ? — IV. Quelles colonies européennes comprend l'Amérique du Sud et combien de républiques ? — Nommez celles des plaines orientales et celles de la région des Andes. — *a)* Quelle est la capitale du Brésil ? — Que produit ce pays ? — *b)* Quelle est la capitale de l'Argentine ? — Quels sont les animaux élevés dans cette contrée ?

Devoir écrit. — 1. *Exercices 46 et 47 du Cahier de Croquis.* — 2. *Nommez les fleuves de l'Amérique et indiquez leur source, les pays qu'ils traversent, les villes qu'ils arrosent et les océans où ils se jettent.*

3. — Rio de Janeiro.

La baie de Rio de Janeiro (voir le plan, au bas et à droite de la carte d'Amérique) fut découverte en 1566, au mois de janvier (*janéiro* en portugais), et on la prit pour l'embouchure d'une rivière (*rio*) d'où son nom, qu'on donna aussi à la ville bâtie à son entrée.

Rio de Janeiro est dominée par le Mont Bossu, d'où est prise cette vue, et par le Pain de Sucre, monticule conique et nu, de 387 mètres, qui termine, à l'est, une petite presqu'île à trois dents.

SUPPLÉMENT D'ILLUSTRATION POUR L'EUROPE ET L'AFRIQUE

1. — Moscou et le Kremlin.

Moscou, capitale et ville sainte des Russes, est bâtie dans une plaine, sur un sous-affluent de la Volga, la Moscova, qu'on voit ici, au premier plan. Les édifices dominés par des clochers qui se détachent sur le ciel, au centre et à droite de l'image, forment le Kremlin ; c'est une véritable petite ville entourée de murs crénelés : elle renferme des églises et des monastères, des palais et des casernes. C'est dans une de ces églises que se faisait autrefois le sacre des tzars ou empereurs de Russie.

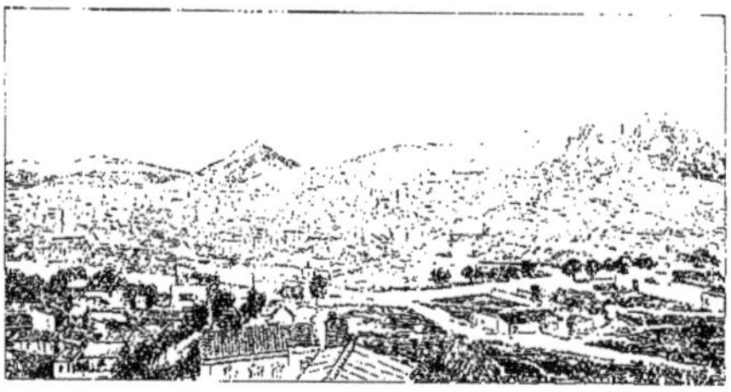

2. — Athènes et l'Acropole.

Athènes, la capitale de la Grèce, étale ses maisons modernes dans une petite plaine entre le rocher de l'Acropole, tout à droite de l'image, et la colline du Lycabete, au milieu. La ville ancienne, célèbre par ses souvenirs historiques et ses œuvres d'art, occupait l'Acropole et ses pentes, ainsi que les terrains non bâtis du premier plan. Elle garde encore de superbes ruines : l'image nous montre, à droite, le temple du Parthénon qui domine l'Acropole, et à gauche, dans la plaine, le Théséion ou temple de Thésée.

3. — Naples et le Vésuve.

Naples s'étale sur les pentes inclinées du coteau qui s'élève au fond d'une baie incomparable. Son air très doux et son beau ciel attirent une foule de touristes. Le Vésuve, qui gronde ou mugit quand il ne lance pas des torrents de lave, domine la baie de son cône qui atteint 1.200 mètres d'altitude. Les pins-parasol et le maquis broussailleux du premier plan, peuvent donner une idée assez exacte de la végétation de climat méditerranéen.

4. — Constantinople et le Bosphore.

Constantinople occupe une situation unique entre l'Europe et l'Asie. La ville est bâtie sur une presqu'île triangulaire formée par la Mer de Marmara, le Bosphore et la Corne d'Or, sorte de golfe très allongé qui sert de port. L'extrémité de la presqu'île, sur le Bosphore, porte le Sérail ou Palais, d'où son nom de Pointe du Sérail, et l'ancienne église Sainte-Sophie transformée en mosquée, dont on aperçoit ici la vaste coupole et les hauts minarets.

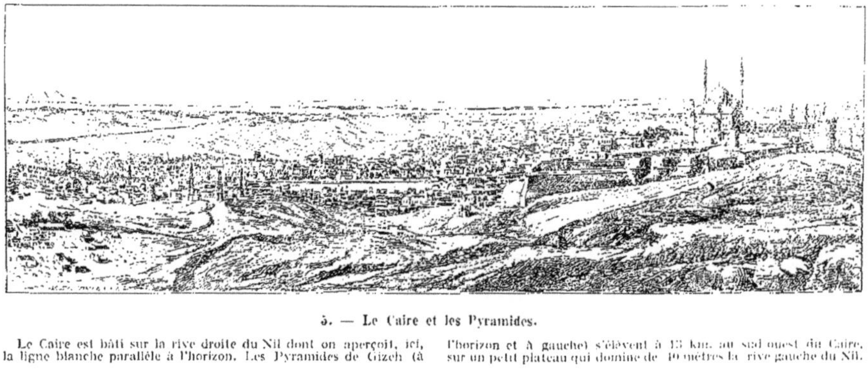

5. — Le Caire et les Pyramides.

Le Caire est bâti sur la rive droite du Nil dont on aperçoit, ici, la ligne blanche parallèle à l'horizon. Les Pyramides de Gizeh (à l'horizon et à gauche) s'élèvent à 13 km. au sud ouest du Caire, sur un petit plateau qui domine de 40 mètres la rive gauche du Nil.

SUPPLÉMENT D'ILLUSTRATION POUR L'ASIE ET L'AMÉRIQUE

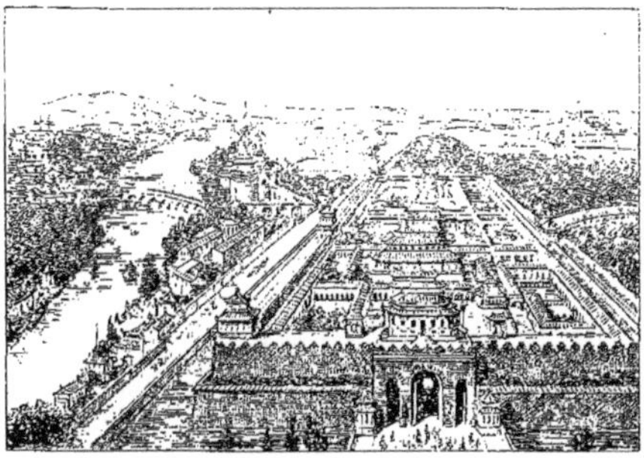

1. — La ville impériale de Pékin.

Pékin forme un vaste rectangle divisé en trois parties par des enceintes fortifiées : au sud, la ville chinoise ou commerçante ; au nord, la ville tartare ou militaire, qui renferme la ville impériale ou administrative. Le Palais est à l'intérieur de la ville impériale : il est entouré d'un mur crénelé percé de quatre portes et bordé d'un fossé, comme le représente l'image.

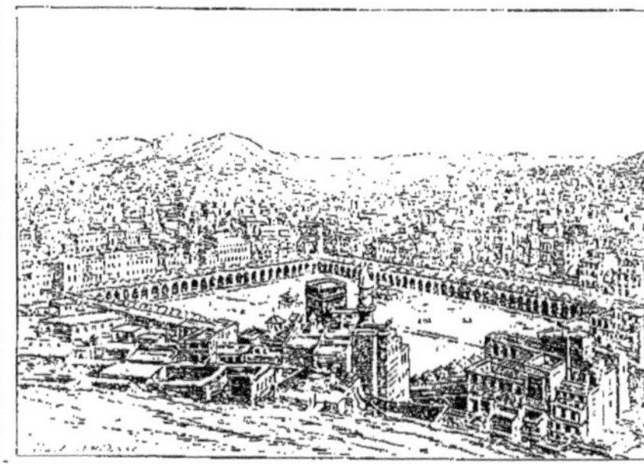

2. — La Mecque et la Kaaba.

La Mecque est la patrie de Mahomet et la ville sainte des Musulmans ; elle possède une grande mosquée formée d'une vaste cour rectangulaire, de 150 mètres sur 125, entourée d'arcades. Au milieu se trouve la Kaaba, petite salle de 12 mètres sur 10 et de 6 mètres de haut, dans laquelle des lampes d'or et d'argent brûlent en l'honneur de la Divinité.

3. — Les chutes du Niagara.

La rivière Niagara se précipite d'une hauteur de 50 mètres et forme les célèbres chutes que l'île de la Chèvre divise en deux parties inégales. La chute américaine, de 305 mètres de large, est située à gauche de l'image ; la chute canadienne, de 793 mètres de large, est à droite : elle est courbée en demi-cercle, c'est pourquoi on l'appelle aussi la chute du Fer à cheval.

4. — Québec et le Saint-Laurent.

Le vieux Québec est bâti sur un promontoire qui domine le Saint-Laurent de plus de 100 mètres. De la terrasse qui borde le promontoire sur le fleuve, et qui supporte en cet endroit le château de Frontenac, que représente l'image, on a une vue très étendue. La ville moderne et commerçante occupe la rive gauche du Saint-Laurent, au pied du promontoire.

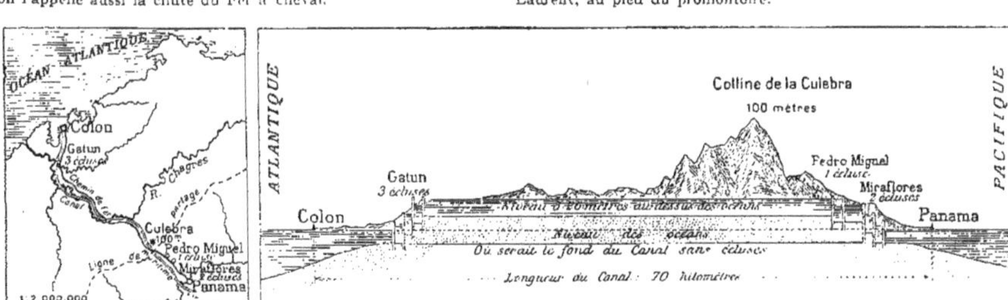

5. — Le canal de Panama.

Ce canal maritime a 60 mètres de largeur au fond, et 12 m. 30 de profondeur. Toute la partie moyenne est à 26 mètres au-dessus des Océans ; cette différence de niveau est corrigée par six écluses de 300 mètres de long sur 33 mètres de large.

18e Leçon. — L'OCÉANIE

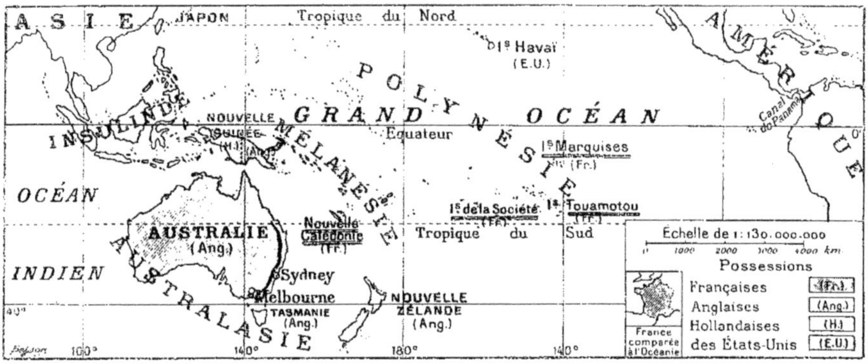

Exercice d'observation. — 1. *Nommez, en regardant la carte, les cinq plus grandes terres de l'Océanie.* — 2. *Quelles sont les terres océaniennes situées au delà des tropiques ?* — 3. *Quelle distance y a-t-il entre la Nouvelle-Calédonie et le canal de Panama ?* — 4. *Lisez la légende placée au-dessous de l'image.*

Texte. **1. Situation et étendue.** — **L'Océanie** est l'ensemble des îles de l'Océan Pacifique. On en excepte les îles voisines de l'Amérique et de l'Asie : ainsi le Japon et l'Insulinde dépendent de l'Asie. L'ensemble de ces îles égale 17 fois la superficie de la France.

2. Divisions. — L'Océanie forme trois grandes divisions :

a) A l'Ouest, l'**Australasie**, comprenant l'*Australie*, la *Tasmanie* et la *Nouvelle-Zélande*.

Quelques végétaux et animaux de l'Océanie

Le **cocotier** est l'arbre par excellence des archipels polynésiens. Son fruit, la noix de coco, de la grosseur d'une tête d'homme, renferme une amande très nutritive, dont on peut extraire de l'huile.

L'**eucalyptus** peut atteindre 150 mètres de haut. Par sa croissance rapide, il absorbe beaucoup d'eau et assainit les lieux marécageux où on le plante.

Le **kangourou** est un curieux animal d'Australie. Il a quatre pattes, mais ne se sert, pour marcher, que de celles de derrière ; il se maintient en équilibre au moyen de la queue. Il a une poche sous le ventre pour abriter ses petits.

L'**ornithorynque** a un bec et pond des œufs comme les oiseaux ; il a une fourrure et allaite ses petits comme les mammifères.

Les **moutons** de l'Australie et de la Nouvelle-Zélande sont originaires d'Europe.

b) Au Centre : la **Mélanésie**, ou îles des Nègres, comprenant, la *Nouvelle-Guinée* et la *Nouvelle-Calédonie*.

c) A l'Est : la **Polynésie**, peuplée d'habitants à peau presque blanche, pacifiques mais indolents.

3. Climat et productions. — L'Australie méridionale, la Tasmanie et la Nouvelle-Zélande ont un **climat tempéré** qui convient à la culture des *céréales* et à l'élevage des *bœufs* et surtout des *moutons*. L'*eucalyptus*, le *kangourou* et l'*ornithorynque* sont originaires de l'Australie. Les autres îles océaniennes ont un **climat tropical**, tempéré par les brises marines ; il y a beaucoup de *cocotiers*.

4. Partage politique. — Toutes les terres océaniennes appartiennent à des étrangers, surtout à l'Angleterre, à la France, aux États-Unis et à la Hollande.

a) **L'Angleterre** possède toute l'*Australasie* (**Australie, Tasmanie et Nouvelle-Zélande**) et la moitié orientale de **la Nouvelle-Guinée**.

L'Australie, comme l'Afrique, est un vaste plateau déprimé au centre et bordé de montagnes, assez hautes à l'Est. Faute de pluie, tout l'intérieur est désert ; aussi, cette contrée quinze fois plus grande que la France, n'a pas cinq millions d'habitants. La population, presque entièrement d'origine anglaise, est surtout groupée au Sud-Est, où se trouvent les grandes villes de *Sydney* et *Melbourne*. L'Australie est riche en *mines d'or* et de *houille*. Elle élève, ainsi que la Nouvelle-Zélande, d'immenses troupeaux de *moutons* dont la laine est exportée en Europe.

b) **La France** possède la **Nouvelle-Calédonie** et plusieurs **archipels polynésiens** : les îles **Marquises**, **Touamotou** et de la **Société**.

c) Les **États-Unis** possèdent les îles **Havaï**.

d) Les **Hollandais** sont maîtres de la moitié occidentale de la **Nouvelle-Guinée**, en face de leurs possessions de l'Insulinde.

Questionnaire. — 1. Qu'est-ce que l'Océanie ? — Quelle est son étendue ? — 2. Nommez les grandes divisions de l'Océanie et les îles qui en dépendent. — 3. Parlez du climat et des productions de l'Océanie. — 4. Quelles sont les puissances qui se partagent l'Océanie ? — Que possède l'Angleterre ? — Que savez-vous du relief de l'Australie ? — ...de son étendue ? — ...de sa population ? — ...de ses villes ? — ...de ses produits ? — Quelles sont, en Océanie, les possessions de la France ? — ...des États-Unis ? — ...des Hollandais ?

Devoir écrit. — 1. *Exercices 18 et 19 du Cahier de Croquis.* — 2. *Nommez les cinq plus grandes terres de l'Océanie, et dites à qui elles appartiennent.*

19e Leçon. — LA FRANCE

1. — La France dans le monde.

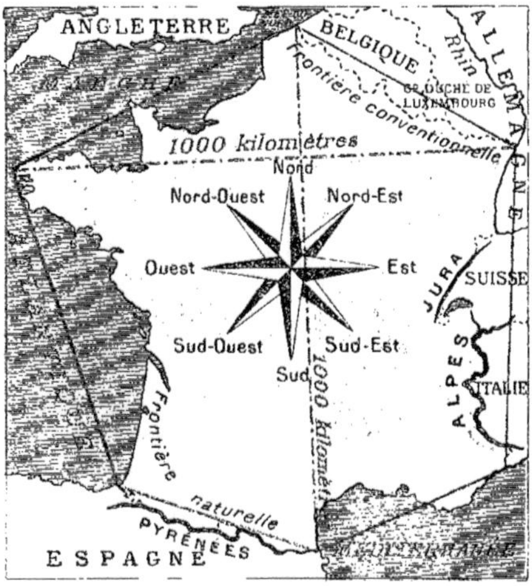

2. — Forme, limites et dimensions de la France.

Exercice d'observation. — 1. *Quel est le pays qui occupe le milieu de la première image ?* — 2. *Quelle est la Partie du monde située à l'Ouest de la France ?* — *...à l'Est ?* — *...au Sud ?* — 3. *Quelle place la France occupe-t-elle entre le Pôle Nord et l'Équateur ?* — *...entre le Tropique du Nord et le Cercle polaire arctique ?* — 4. *Comment appelle-t-on la zone comprise entre ces deux parallèles ?* — 5. *Quelle place la France occupe-t-elle dans la zone tempérée ?* — 6. *Où se trouve la France par rapport à l'Europe ?* — 7. *En consultant la 2e image, nommez les mers qui baignent la France.* — 8. *Nommez les montagnes qui lui servent de frontières.* — 9. *Quel est le fleuve qui borne la France à l'Est ?* — 10. *Y a-t-il des obstacles naturels sur notre frontière du Nord-Est ?* — 11. *Jusqu'où devrait s'étendre la France pour avoir une frontière naturelle au Nord-Est ?* — 12. *Notre pays a-t-il eu quelquefois le Rhin pour frontière ?* — 13. *Quels sont les pays voisins de la France, et par quoi en sont-ils séparés au Nord-Ouest ?* — *...au Sud-Ouest ?* — *...à l'Est ?* — *...au Nord-Est ?* — 14. *Combien de côtés a la figure que l'on obtient en réunissant, par une droite, les points extrêmes de la France ?* — 15. *Quel est le côté opposé à la Manche ?* — *... à notre frontière conventionnelle ?* — *...au Jura et aux Alpes ?* — 16. *Quelle est la longueur de la France du Nord au Sud ?* — *...de l'Ouest à l'Est ?*

Texte. — **1.** La France est notre *Patrie*, c'est-à-dire le *pays de nos pères*, la contrée où nous sommes nés et où nous vivons.

2. Situation. — La France est située au centre de la zone tempérée de l'hémisphère nord, à peu près à égale distance de l'Équateur et du Pôle Nord.

Cette heureuse situation, jointe aux influences des mers voisines, lui vaut un des climats les plus agréables.

La France forme l'un des grands États de l'Europe occidentale où elle occupe une situation privilégiée entre les deux mers les plus fréquentées du Globe : la Manche et la Méditerranée.

3. Limites. — La France est bornée : au Nord, par la *Mer du Nord* et la *Manche* qui la séparent de l'Angleterre ; à l'Ouest, par l'*Atlantique ;* au Sud-Ouest, par les *Pyrénées* qui la séparent de l'Espagne ; au Sud-Est, par la *Méditerranée ;* à l'Est, par les *Alpes* qui la séparent de l'Italie, par le *Jura* qui la sépare de la Suisse, et par le *Rhin* qui la sépare de l'Allemagne ; au Nord-Est par une ligne presque droite qui la sépare de l'*Allemagne*, du *Grand-Duché de Luxembourg* et de la *Belgique*.

Ces bornes ou limites de la France sont ses frontières. Les contours de la France forment une figure presque régulière de six côtés. Trois de ces côtés sont formés par la mer : ce sont des *frontières maritimes ;* les trois autres côtés sont formés par des terres : ce sont des *frontières continentales*. Les frontières maritimes de la France sont un peu plus étendues que les frontières continentales.

Nos frontières maritimes et la plupart de nos frontières continentales (les Pyrénées, les Alpes, le Jura et le Rhin), sont des *frontières naturelles*. Notre frontière du Nord-Est, qui n'est formée que par des plaines et des plateaux, est une *frontière conventionnelle ;* elle a été déterminée par des traités avec les peuples voisins.

4. Dimensions. — La France mesure environ 1.000 kilomètres du Nord au Sud et à peu près autant de l'Est à l'Ouest. Cette longueur est la quarantième partie du tour du Globe.

Sa superficie est de 551.000 kilomètres carrés ; soit la millième partie du Globe et la dix-huitième de l'Europe où elle occupe, comme étendue, le premier rang après la Russie.

Questionnaire. — 1. Qu'est-ce que la France ? — 2. Où est située la France par rapport aux zones terrestres ? — Que lui vaut cette heureuse situation ? — Quelle est la situation de la France en Europe ? — 3. Quelles sont les bornes de la France et les contrées qui l'avoisinent ? — Comment appelle-t-on encore les bornes ou limites d'un pays ? — Quelle figure forment les contours de la France ? — Par quoi sont formés trois de ces côtés ? — Et les trois autres ? — Les frontières maritimes de la France sont-elles aussi développées que ses frontières continentales ? — Quelles sont les frontières naturelles de la France ? — Comment qualifier notre frontière du Nord-Est ? — 4. Quelle est la longueur de la France ? — ...sa largeur ? — Qu'est la longueur de la France par rapport au tour du Globe ? — Quelle est l'étendue de la France en kilomètres carrés ? — Quelle est son étendue par rapport à la surface du Globe ? — ...à celle de l'Europe ? — Quelle place y occupe-t-elle comme étendue ?

Devoir écrit. — 1. *Exercice 36 du Cahier de Croquis.* — 2. *Quels sont les pays voisins de la France ? — Par quelle frontière en sont-ils séparés ?*

20e Leçon. — LE RELIEF DE LA FRANCE

Exercice d'observation. — 1. *Regardez la légende des hauteurs au bas et à gauche de la carte, et dites ce que représente le bleu foncé ? — ...le bleu clair ? — ...le vert foncé ? — ... le vert clair ? — ...l'orangé ? — ...le rouge ? — 2. Par quoi sont représentées les plaines ? — ...les montagnes ? — 3. Lisez le nom des montagnes, du Nord au Sud. — 4. Quelles sont les vallées ou les plaines qui séparent ces montagnes ? — 5. Trouvez six noms de collines, à l'Ouest. — 6. Lisez, en allant du Nord au Sud, le nom des pays de plaines.*

Texte. — **1. Relief général.** — Le sol de la France est incliné du Sud-Est au Nord-Ouest. Une ligne droite allant du Golfe de Gascogne à l'Ardenne diviserait la France en deux moitiés : **la** *Haute-France* au Sud et à l'Est, et la *Basse-France* au Nord et à l'Ouest.

La **Haute-France** est sillonnée, du Nord au Sud, par les longues et étroites vallées de la Saône et du Rhône ; et de l'Est à l'Ouest, par celles de l'Aude et de la Garonne.

Ces vallées séparent les **Montagnes intérieures** qui composent le *Massif Central*, des **Montagnes frontières** : les *Pyrénées*, les *Alpes* et le *Jura*.

2. Massif Central. — Le Massif Central s'étend des vallées de la Saône et du Rhône à celles de la Garonne et de la Loire. Les **Cévennes** forment le rebord oriental du Massif Central, elles atteignent 1.754 mètres au *Mont Mézenc*.

Des Cévennes centrales deux ramifications se détachent vers l'Ouest : au Nord-Ouest, les *Monts du Velay* et du *Forez* ; à l'Ouest, les *Monts de la Margeride* prolongés par les *Monts d'Auvergne*.

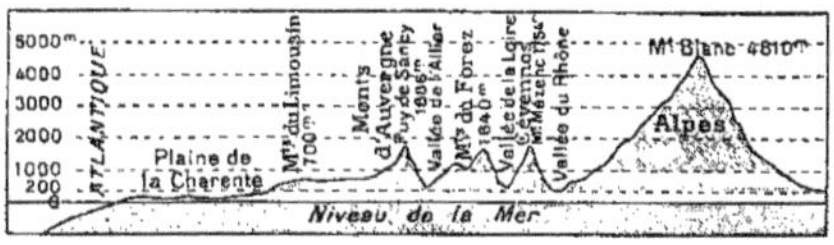

Relief de la France de l'est à l'ouest.

Les **Monts d'Auvergne** sont formés par les laves des anciens volcans ; le plus haut, le *Puy de Sancy*, atteint 1.886 mètres.

Les *Monts du Limousin* et de la *Marche* terminent le Massif Central à l'Ouest.

Les **Causses** sont des plateaux secs et stériles qui terminent, au Sud, le Massif Central ; ils sont coupés de gorges étroites et profondes, comme celles du Tarn.

Le Massif Central a des pâturages et des forêts de châtaigniers ; son pourtour est riche en mines de houille et en sources thermales très fréquentées.

3. Pyrénées. — Les **Pyrénées** s'étendent de l'Atlantique à la Méditerranée, entre la France et l'Espagne.

Elles forment une chaîne continue, difficile à franchir, sauf aux deux extrémités, car les cols sont trop élevés. Le *Col de Roncevaux*, à l'Ouest, et le *Col de la Perche*, à l'Est, sont parmi les plus accessibles.

Les Pyrénées centrales, les plus élevées, sont hérissées de sommets aigus appelés *pics*. Le plus haut, le *Pic d'Anéto*, a 3.404 mètres.

Le versant français est plus abrupt et plus humide que le versant espagnol. Il porte des pâturages et des forêts ; il attire les malades par ses nombreuses *sources minérales* et *thermales*, et les touristes, par ses beautés naturelles : *lacs, gaves* et *cirques* ; le *Cirque de Gavarnie* est un des plus beaux. *(Voir 1re image p. 55.)*

4. Alpes. — Les **Alpes** sont les principales montagnes de l'Europe. Les Alpes françaises n'en forment que le versant ouest de la partie occidentale. Elles s'étendent de la Méditerranée au lac de Genève, entre la France et l'Italie.

Les Alpes ont leur versant abrupt en Italie ; en France, elles possèdent de nombreux et puissants contreforts qui forment les **Alpes de Provence**, les **Alpes du Dauphiné** et les **Alpes de Savoie.**

Les Alpes sont très hautes, surtout vers le Nord, où le *Mont Blanc* s'élève à 4.810 mètres : c'est le point culminant de l'Europe.

Leurs cols, assez bas, en permettent facilement la traversée. Les deux plus fréquentés sont ceux de *Fréjus* et du *Mont Genèvre*.

Les Alpes de Provence sont sèches et nues. Les Alpes du Dauphiné et de Savoie, plus humides, ont des sommets neigeux et des flancs couverts de forêts et de pâturages ; leurs sites pittoresques et leurs immenses glaciers attirent de nombreux touristes.

La *Corse* est hérissée de montagnes qui ressemblent aux Alpes de Provence.

5. Jura. — Le **Jura** s'étend du Rhône au Rhin, entre la France et la Suisse. Il est formé de chaînes parallèles qui vont s'abaissant vers l'Ouest où elles se terminent par un plateau à peine ondulé.

Le sommet le plus élevé, le *Crêt de la Neige*, a 1.723 mètres. Le Jura n'a pas de neiges persistantes : il porte des forêts, des pâturages, et même des vignobles à l'Ouest.

6. Vosges. — Les **Vosges** s'étendent au Nord du Jura, entre le Rhin et la Moselle. Leurs pentes, très raides sur la plaine d'Alsace, s'abaissent doucement sur le Plateau de Lorraine. **Leurs** sommets sont généralement arrondis ; plusieurs sont **appelés** ballons ; le plus élevé est le *Ballon de Guebwiller*, de **1.426** mètres. Les sommets des Vosges portent des pâturages, et leurs pentes de belles forêts.

7. Faibles hauteurs de l'Est. — Le Massif Central se prolonge vers le Nord par le **Morvan**, couvert de forêts ; la **Côte d'Or**, riche en vignobles qui produisent les fameux vins de Bourgogne ; le **Plateau de Langres ;** les **Côtes de Meuse** et l'**Argonne** séparées par la Meuse ; enfin, par le **Plateau de l'Ardenne.**

8. Petites hauteurs du Nord-Ouest. — Cinq groupes de hauteurs accidentent les plaines du Nord-Ouest ; les **Collines de l'Artois**, le **Plateau de Caux**, les **Collines du Perche** et **de Normandie**, les **Collines de Bretagne** et les **Collines du Poitou.**

9. Plaines. — Les plaines occupent à peu près la moitié de la France ; elles sont généralement fertiles et bien peuplées. On peut les diviser en quatre groupes : les grandes plaines du Nord-Ouest et du Sud-Ouest, et les petites plaines de l'Est et du Sud.

a) **Plaines du Nord-Ouest : la Flandre**, à la fois agricole et industrielle, et dont les mines de houille sont les plus riches de France ; la **Picardie** et la **Normandie**, riches en blé et en pâturages ; la **Beauce** et la **Brie**, fertiles en blé ; la **Champagne**, aux vins renommés ; **les plaines de la Loire** comprenant **la Touraine**, appelée le jardin de la France, le **Berry** agricole, et la marécageuse **Sologne.**

b) **Plaines du Sud-Ouest : les plaines de la Charente** et **de la Garonne**, fertiles en blé et maïs, vins et fruits ; la plaine sablonneuse des **Landes**, plantée de pins.

c) **Plaines de l'Est :** la riche **plaine d'Alsace** et la **vallée de la Saône**, très fertile en céréales et en vins.

d) **Plaine du Sud :** la plaine du **Bas Languedoc**, riche en vignobles.

Questionnaire. — **1.** Dans quel sens est incliné le sol de la France ? — Comment la diviserait une ligne allant du Golfe de Gascogne à l'Ardenne ? — La Haute-France forme-t-elle un seul massif ? — Quelles divisions forment ces vallées ? — **2.** Où est situé le Massif Central ? — Par quoi est formé le rebord occidental de ce massif ? — Quelles sont les ramifications des Cévennes centrales ? — De quelles roches sont formés les Monts d'Auvergne ? — Comment le Massif Central se termine-t-il à l'Ouest ? — Qu'est-ce que les Causses ? — Quelle est la végétation du Massif Central ? — Quelles sont les richesses du pourtour ? — **3.** Où sont situées les Pyrénées ? — Peut-on les franchir facilement ? — Nommez deux cols des Pyrénées. — Quelle est la partie la plus élevée des Pyrénées ? — Quel en est le plus haut point ? — Quelle différence y a-t-il entre les versants français et espagnol ? — Que porte le versant français ? — Par quoi le versant français attire-t-il les malades et les touristes ? — **4.** Qu'est-ce que les Alpes ? — Où sont situées les Alpes françaises ? — Quelle différence y a-t-il entre les versants italien et français? — Comment divise-t-on les Alpes françaises ? — Quelle est la partie la plus élevée ? — Quel est le point culminant ? — Que savez-vous de leurs cols ? — Nommez-en deux. — Quel est l'aspect des Alpes ? — Qu'est-ce qui y attire les touristes ? — Y a-t-il des montagnes en Corse ? — **5.** Où est situé le Jura ? — De quoi est-il formé ? — Nommez la plus haute crête. — Quel est l'aspect du Jura ? — Que porte-t-il ? — **6.** Où sont situées les Vosges ? — Quelle différence y a-t-il entre leurs pentes ? — Quel nom donne-t-on à leurs sommets ? — Quel est le plus élevé ? — Que portent les sommets et les pentes ? — **7.** Nommez les petites hauteurs de l'Est avec leurs produits caractéristiques ? — **8.** Quelles sont les hauteurs qui accidentent les plaines du Nord-Ouest ? — **9.** Quelle est l'étendue des plaines françaises ? — Dites leurs richesses. — Comment peut-on les diviser ? — Nommez, avec leurs produits caractéristiques : *a)* les plaines du Nord-Ouest. — *b)* les plaines du Sud-Ouest. — *c)* les plaines de l'Est. — *d)* la plaine du Sud.

Devoir écrit. — 1. *Exercices 50 et 51 du Cahier de Croquis.* — 2. *Nommez les plaines et les vallées, les plateaux et les montagnes que verrait un aviateur allant en ligne droite : 1° du Golfe de Gascogne au Mont Blanc ; 2° de l'extrémité occidentale de la Bretagne au Lac de Genève.*

21ᵉ Leçon. — LES MERS, LES CÔTES ET LE CLIMAT DE LA FRANCE

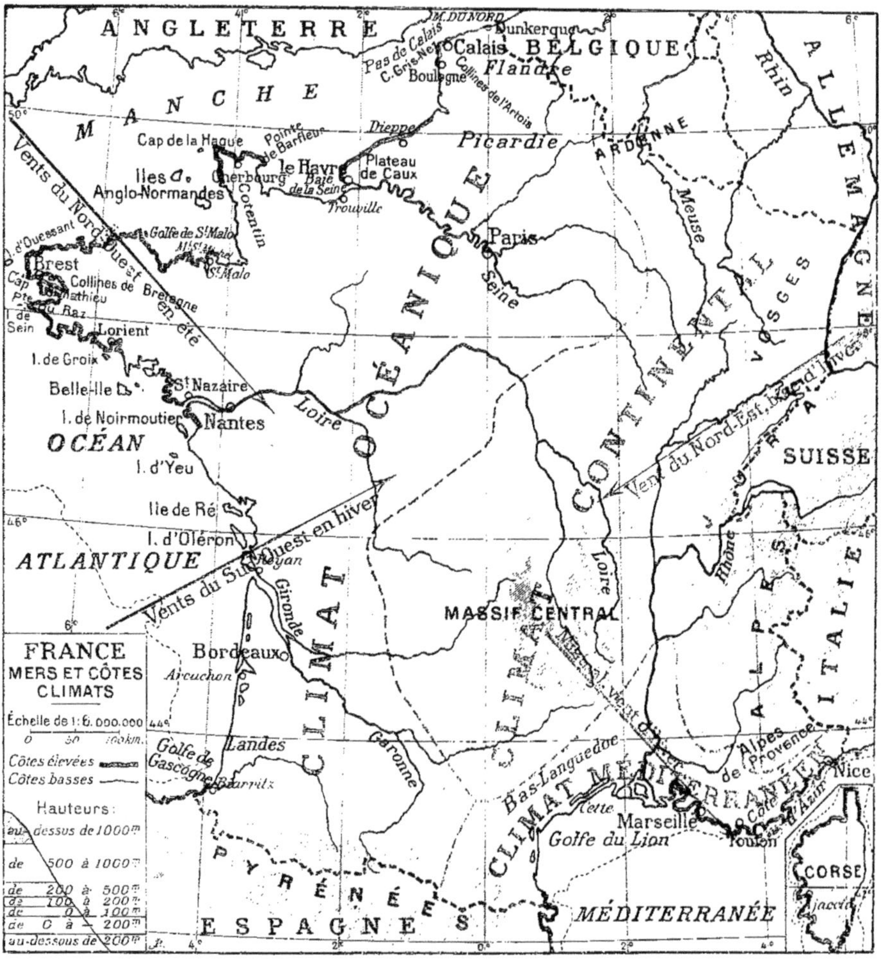

Exercice d'observation. — *1. Quelles sont les mers qui baignent la France? — 2. Sur cette carte, comment a-t-on représenté les côtes élevées ? ...les côtes basses ? — 3. Sont-ce les côtes élevées ou les côtes basses qui dominent dans la Mer du Nord ? ...dans la Manche ? ...dans l'Atlantique ? ...dans la Méditerranée ? — 4. Lisez le nom des détroits ou des pas marqués sur cette carte. ...des golfes ou des baies? ...des presqu'îles? ...des caps? ...des îles? — 5. A quelle époque soufflent surtout les vents du Sud-Ouest? ...du Nord-Ouest? ...du Nord-Est? — 6. Où domine, en France, le climat maritime ? ...le climat continental ? ...le climat méditerranéen ? — 7. De quelle mer sommes-nous le plus près ? A quel climat appartient notre région ?*

Texte. — **1. Frontières maritimes.** — Les frontières maritimes de la France sont formées par la Mer du Nord, la Manche, l'Atlantique et la Méditerranée.

2. Côtes de la Mer du Nord. — La **Mer du Nord** ne baigne la France que sur une faible longueur : de la frontière belge au **Pas de Calais** : ce détroit la fait communiquer avec la Manche.

La **côte française de la Mer du Nord** est basse comme les plaines de la Flandre qu'elle termine, bordée de dunes et sans abris naturels pour les vaisseaux. On y a creusé les *ports* artificiels de **Dunkerque** et de **Calais**.

3. Côtes de la Manche. — La **Manche** baigne la France au Nord-Ouest, depuis le Pas de Calais jusqu'à l'extrémité de la Bretagne. C'est la mer la plus fréquentée du monde. Elle forme la **Baie de la Seine** et le **Golfe de Saint-Malo** : elle baigne la presqu'île du **Cotentin** et entoure les îles **Anglo-Normandes** et le **Mont Saint-Michel**.

La côte française de la Manche est basse dans les parties qui terminent les plaines de Picardie et les deux côtés de la presqu'île du Cotentin. Partout ailleurs, elle est élevée et rocheuse : les Collines de l'Artois s'y terminent par le **Cap Gris-Nez**; le Plateau de Caux, par des falaises ; la presqu'île du Cotentin, par la **Pointe de Barfleur** et le **Cap de la Hague** ; les Collines de Bretagne, par des roches déchiquetées et des baies profondes.

Les côtes de la Manche possèdent de nombreux abris naturels où se sont établis de bons *ports ;* les principaux sont : **Boulogne, Dieppe,** le **Havre** et **Saint-Malo,** ports marchands ; **Cherbourg,** port militaire. Sur ce littoral, on trouve aussi de belles plages, très fréquentées, comme celle de **Trouville.**

4. Côtes de l'Atlantique. — L'**Atlantique** baigne la France à l'Ouest, depuis l'extrémité de la Bretagne jusqu'à la frontière espagnole. Il forme le **Golfe de Gascogne** et entoure les îles d'**Ouessant,** de **Sein, Groix, Belle-Ile, Noirmoutier, Yeu, Ré** et **Oléron.**

La côte de l'Atlantique est élevée, rocheuse et déchiquetée en Bretagne, où elle se termine par le **Cap Saint-Mathieu** et la **Pointe du Raz.** Elle est basse partout ailleurs : souvent marécageuse entre la Loire et la Gironde : sablonneuse et bordée de dunes dans les Landes.

Brest, au fond d'une rade magnifique, et **Lorient** sont des ports militaires ; **Nantes** et **Saint-Nazaire,** sur la Basse-Loire, et **Bordeaux,** sur la Garonne, sont les principaux ports marchands de cette côte.

Les *plages* les plus fréquentées sont **Royan, Arcachon** et **Biarritz.**

5. Côtes de la Méditerranée. - La **Méditerranée** baigne la France au Sud-Est, depuis la frontière espagnole jusqu'à la frontière italienne. Elle forme le **Golfe du Lion** et entoure la grande **île de Corse.**

La côte de la Méditerranée est basse, sablonneuse et bordée de lagunes le long de la plaine du Bas-Languedoc, où on a établi le port artificiel de **Cette.** Elle est élevée et rocheuse le long des Pyrénées et des Alpes de Provence, où elle abrite les ports de **Marseille** et de **Toulon** ; ce dernier est un port militaire.

Le littoral méditerranéen, de Toulon à la frontière italienne, est appelé **Côte d'Azur,** parce qu'il se déroule en face d'une mer bleue et sous un ciel limpide. Abrité contre les vents du Nord par les Alpes, il a des *stations hivernales* très fréquentées, comme **Nice.**

Nice.

Nice, la reine des stations hivernales de la Côte d'Azur, est un immense parc, où les palais et les grands hôtels disparaissent dans la verdure, où les rues, ombragées d'orangers et de palmiers, longent la côte, remontent les vallées ou escaladent les pentes. Le rocher du Château, qui domine la mer de 93 mètres, divise la ville et protège le port qu'on aperçoit ici au premier plan.

La côte occidentale de la Corse est rocheuse et élevée, avec des caps, des golfes et des ports, dont le principal est **Ajaccio.** La partie moyenne de la côte orientale est basse et marécageuse.

6. Climat. — La France jouit d'un *climat tempéré.* Elle le doit à sa situation dans la zone tempérée et à la disposition de son relief incliné vers la Manche et l'Atlantique, d'où lui viennent les vents dominants, tièdes et humides.

7. Zones de climat. — Le climat de la France n'est pas uniforme ; il divise le pays en *trois zones :* la zone océanique, la zone continentale et la zone méditerranéenne.

a) La **zone de climat océanique** comprend les grandes plaines du Nord et de l'Ouest. La température y est modérée, en hiver comme en été ; les vents tièdes et humides soufflent du Sud-Ouest en hiver, et du Nord-Ouest en été ; ils amènent des pluies fréquentes et fines tombant en tout temps, surtout en hiver.

b) La **zone de climat continental** comprend les régions montagneuses du Centre et de l'Est. Les étés y sont chauds ; les hivers, longs et froids. La bise sèche et glaciale du Nord-Est alterne avec les vents tièdes et humides de l'Ouest. Les pluies tombent surtout en hiver ; celles d'été sont des pluies d'orage.

Sur les hautes montagnes des Alpes et des Pyrénées, le climat varie avec l'altitude, jusqu'à devenir polaire ou glacial.

c) La **zone de climat méditerranéen** comprend les bords de la Méditerranée. C'est le climat le plus chaud et le plus sec de la France. Un vent violent, le *mistral,* souffle souvent du Massif Central sur la Méditerranée. Les étés sont très chauds et très secs ; les hivers, tièdes avec des pluies qui tombent par averses brusques et rapides.

Questionnaire. — 1. Par quelles mers sont formées les frontières maritimes de la France ? — 2. La côte française de la Mer du Nord est-elle bien étendue? — Quel est son aspect? — Quels ports y trouve-t-on ? — 3. Où la Manche baigne-t-elle la France ? — Est-elle très fréquentée par les navires ? — Quels golfes forme-t-elle ? — Quelle presqu'île baigne-t-elle ? — Quelles îles entoure-t-elle? — Sur quels points la côte de la Manche est-elle basse? ...élevée ? — Comment se terminent les Collines de l'Artois ? — ...le Plateau de Caux ? — ...la presqu'île du Cotentin ? — ...les Collines de Bretagne ? — Cette côte possède-t-elle des abris naturels ? — Quels ports y a-t-on établis ? — Y trouve-t-on des plages ? — 4. Où l'Atlantique baigne-t-il la France? — Quel golfe forme-t-il ? — Quelles îles entoure-t-il ? — Quel est l'aspect de la côte bretonne sur l'Atlantique ? — Quel cap y trouve-t-on ? — Quel est son aspect, entre la Loire et la Gironde ? — ...dans les Landes ? — Quels ports y trouve-t-on et où sont-ils établis ? — Y a-t-il des plages fréquentées? — 5. Où la Méditerranée baigne-t-elle la France? — Quel golfe forme-t-elle ? — ...quelle grande île entoure-t-elle ? — Quel est l'aspect de la côte le long de la plaine du Bas-Languedoc ? — Quel port y trouve-t-on ? — Quel est son aspect le long des Alpes de Provence ? — Quels ports abrite-t-elle ? — Qu'a de particulièrement agréable la côte, de Toulon à la frontière italienne ? — Comment l'appelle-t-on ? — Nommez une station hivernale très fréquentée sur la Côte d'Azur. — 6. De quel climat général la France jouit-elle ? — A quoi le doit-elle ? — 7. Le climat de la France est-il uniforme ? — En combien de zones divise-t-il le pays ? — *a)* Que comprend la zone de climat maritime ? — Quelle est sa température ? — D'où viennent ses vents ? — Qu'amènent-ils ? — *b)* Que comprend la zone de climat continental ? — Que sont ses étés ? — ...ses hivers ? — Quels sont les vents qui soufflent dans cette zone ? — Quand les pluies tombent-elles ? — Que sont celles d'été ? — Quel est le climat des hautes montagnes ? — c) Que comprend la zone de climat méditerranéen ? — Qu'est ce climat comparé aux autres climats de la France? — Quel est le vent dominant de cette zone ? — Que sont ses hivers ? — ...ses étés ?

Devoir écrit. — 1. *Exercices 52 et 53 du Cahier de Croquis.*
2. *Suivez les côtes françaises de la mer du Nord, de la Manche, de l'Atlantique et de la Méditerranée, et nommez : 1° les caps ; 2° les golfes ; 3° les îles ; 4° les ports, les plages et les stations hivernales.*

22e Leçon. — LES COURS D'EAU DE LA FRANCE

Exercice d'observation. — 1. *Lisez le nom des grands fleuves de la France.* — 2. *Quels sont les fleuves dont le cours n'appartient pas tout entier au territoire français ?* — 3. *Nommez trois cours d'eau qui se terminent à la Manche.* — *...six qui finissent dans l'Atlantique.* — *...quatre qui se terminent dans la Méditerranée.* 4. *Quels sont les fleuves qui descendent du Massif Central ?* — *...des Pyrénées ?* — *...des Alpes ?* — *...du Jura ?* — *...des Vosges ?* — 5. *Regardez la 1re image, et dites quel est notre plus long fleuve ?...* — *...le plus court ?* — *...le plus abondant ?* — *...le moins abondant ?* — *...celui dont la source est la plus élevée ?* — *...la moins élevée ?* — *...celui qui est le plus rapide ?* — *...le moins rapide ?* — 6. *A quelle rivière ou à quel fleuve vont les eaux de notre localité ?*

Texte. — **1. Les quatre grands fleuves.** Le sol de la France est drainé par quatre fleuves principaux : la *Seine*, la *Loire*, la *Garonne* et le *Rhône*.

Ils sont peu considérables si on les compare aux grands fleuves du Globe ; mais leur distribution est des plus avantageuses au point de vue économique.

2. La Seine. — La Seine prend sa source au Plateau de Langres, et finit dans la Manche, par un estuaire.

Elle arrose *Troyes*, *Melun*, *Paris*, *Rouen* et le *Havre*. Elle reçoit : à droite, l'*Aube*, la *Marne* et l'*Oise* grossie de l'*Aisne* ; à gauche, l'*Yonne*, le *Loing* et l'*Eure*. La Seine draine des terrains perméables et en pente douce qui lui envoient lentement leurs eaux : c'est pourquoi son cours est paisible et régulier. C'est le plus navigable de nos fleuves.

3. La Loire. — La Loire prend sa source dans les Hautes Cévennes et finit dans l'Atlantique par un estuaire.

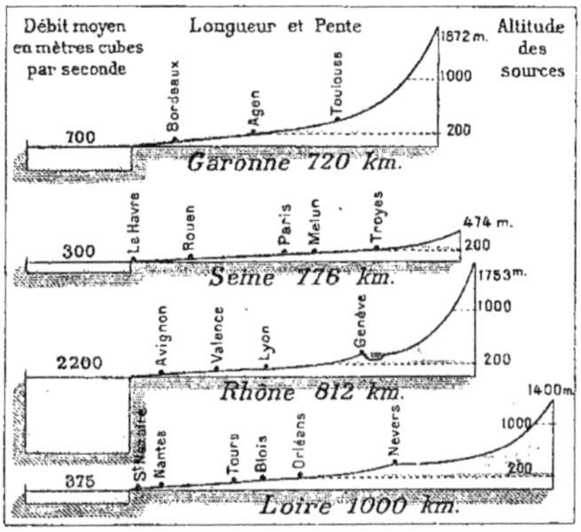

1. — **Débit, longueur et altitude des sources des fleuves français.**

Elle arrose *Nevers*, *Orléans*, *Blois*, *Tours*, *Nantes* et *Saint-Nazaire*.

Elle reçoit : à droite, la *Nièvre* et la *Maine*, formée par la réunion de la *Mayenne* et de la *Sarthe* grossie du *Loir ;* à gauche, l'*Allier*, le *Loiret*, le *Cher*, l'*Indre*, la *Vienne* grossie de la *Creuse*, et la *Sèvre-Nantaise*.

La Loire supérieure draine des terrains imperméables et en pente rapide qui lui envoient toutes leurs eaux à la fois, aussi son cours est irrégulier et impropre à la navigation. C'est le plus long de nos fleuves.

4. La Garonne. — La Garonne prend sa source en Espagne dans les Pyrénées centrales, et finit à l'Atlantique par un long estuaire qui prend le nom de *Gironde*.

Elle arrose *Toulouse*, *Agen* et *Bordeaux*.

Elle reçoit : à droite, l'*Ariège*, le *Tarn* grossi de l'*Aveyron*, le *Lot* et la *Dordogne* grossie de la *Vézère* où afflue la *Corrèze ;* à gauche, le *Gers*.

La Garonne supérieure, comme la Loire, draine des terrains imperméables et en pente rapide qui lui envoient toutes leurs eaux à la fois, aussi son cours est irrégulier et impropre à la navigation. C'est le plus court de nos grands fleuves.

5. Le Rhône. — Le Rhône prend sa source dans les Alpes, en Suisse, forme le *Lac de Genève* et finit à la Méditerranée par un large delta.

Il arrose *Genève* en Suisse, *Lyon*, *Valence* et *Avignon*.

Il reçoit : à droite, l'*Ain*, la *Saône* grossie du *Doubs*, l'*Ardèche* et le *Gard ;* à gauche, l'*Isère*, la *Drôme* et la *Durance*.

Le Rhône draine des terrains généralement perméables et bien arrosés, mais à très forte pente ; aussi est-il le plus abondant et le plus rapide de nos fleuves. De vastes travaux sont commencés pour aménager sa navigation (jusqu'ici peu active à cause de sa trop grande rapidité), étendre les services qu'il rend à l'irrigation, et développer sa production d'électricité.

6. Fleuves du Nord-Est. — Le Nord-Est de la France est drainé par trois fleuves qui ne coulent qu'en partie dans notre pays ; ils se jettent dans la Mer du Nord. Ce sont : l'*Escaut*, la *Meuse* et le *Rhin*. Le **Rhin** prend sa source en Suisse comme le Rhône, il sépare la France de l'Allemagne sur une partie de son cours, passe près de *Strasbourg*, et reçoit la *Moselle* grossie de la *Meurthe* et de la *Sarre*. La **Meuse** reçoit la *Sambre*.

7. Rivières côtières. — De nombreux petits cours d'eau peu importants vont à chacune des mers qui baignent la France : la *Somme* et l'*Orne* finissent dans la Manche ; la *Vilaine*, la *Sèvre-Niortaise*, la *Charente* et l'*Adour* grossi du *Gave de Pau* se jettent dans l'Atlantique ; l'*Aude*, l'*Hérault* et le *Var* se jettent dans la Méditerranée.

Questionnaire. — **1.** Quels sont les quatre fleuves principaux qui drainent la France ? — Sont-ils considérables, comparés aux grands fleuves du Globe? — **2.** Où la Seine prend-elle sa source et où finit-elle ? — Quelles villes arrose-t-elle ? — Quels affluents reçoit-elle à droite ? — ...à gauche ? — Quelles sortes de terrains draine-t-elle ? — Quel est son cours ? — **3** et **4.** Mêmes questions pour la Loire et la Garonne. — **5.** Où le Rhône prend-il sa source? — Quel lac forme-t-il ? — Où finit-il ? — Quelles villes arrose-t-il ? — Quels affluents reçoit-il à droite ? — ...à gauche ? — Quelles sortes de terrains draine-t-il ? — Son cours est-il abondant et rapide ? — Quels sont les travaux projetés ? — **6.** Comment le Nord-Est de la France est-il drainé ? — Où le Rhin prend-il sa source ? — De quel pays sépare-t-il la France ? — Près de quelle grande ville française passe-t-il? — Quel affluent français reçoit-il? — Nommez un affluent de la Meuse. — **7.** Les mers qui baignent la France ne reçoivent-elles directement que les quatre grands fleuves ? — Nommez les rivières côtières qui se jettent dans la Manche. — ...dans l'Atlantique. — ...dans la Méditerranée.

Devoir écrit. — 1. *Exercices 54 et 55 du Cahier de Croquis.* — 2. *Nommez les cours d'eau qui descendent : 1° du Massif Central ; 2° des Pyrénées ; 3° des Alpes ; 4° du Jura ; 5° des Vosges.*

2. — **La Seine à Rouen.** — Cette image nous montre, au fond et à gauche, le pont transbordeur dont le tablier, qui porte le plancher mobile allant d'un bord à l'autre de la Seine, est assez élevé pour permettre aux plus grands navires de passer. A droite, au centre de la ville, la cathédrale dont le clocher de 150 mètres est un des plus hauts du monde.

3. — **La Garonne à Bordeaux.** — La ville, universellement connue pour ses vins, est bâtie en croissant sur la rive gauche de la Garonne, concave en cet endroit. Un pont magnifique de 486 m. franchit le fleuve sur 17 arches. Le port est le troisième de France pour la valeur de son commerce. Malgré les 100 km. qui le séparent de l'Océan, la marée haute le rend accessible aux navires de tonnage moyen.

23e Leçon. — L'AGRICULTURE FRANÇAISE

Exercice d'observation. *1. Que représente la teinte rose sur cette carte ? — 2. Nommez les pays de vignobles ? — 3. Y a-t-il des vignes dans notre localité ? — 4. Quelle est la boisson ordinaire de notre région ? — 5. Que représente la couleur jaune sur cette carte ? — 6. Lisez le nom de quelques cultures indiquées dans la région du Nord : ...dans les vallées de la Saône : — ...de la Garonne : — ...de la Loire. — 7. Que représente la teinte verte ? — 8. Nommez les grandes régions de forêts et de pâturages. — 9. Que représente la teinte jaune et vert ? — 10. Lisez les noms écrits sur l'image de la page suivante. — 11. Quels sont les animaux indiqués sur cette image qu'on n'élève pas dans notre région ? ...les plantes qu'on n'y cultive pas ? — 12. Y a-t-il des animaux qui ne soient pas représentés sur l'image et qu'on élève dans notre région ? ...des plantes qu'on y cultive et qui ne soient pas sur l'image ?*

Texte. — 1. Richesses agricoles de la France. — La principale richesse de la France est l'agriculture, qui occupe près de la moitié des habitants. La fertilité du sol, la variété du relief et du climat permettent la culture des *plantes alimentaires* et des *plantes industrielles*, et l'aménagement des *pâturages*, des *prairies d'élevage* et des *forêts*.

2. Plantes alimentaires. — Les principales plantes alimentaires cultivées en France sont : les *céréales*, la *vigne*, les *arbres fruitiers* et les *légumes*.

a) Les céréales les plus importantes sont le *blé*, l'*avoine*, le *seigle*, le *sarrasin*, le *maïs* et l'*orge*.

Le blé et l'avoine sont cultivés dans toutes les plaines fertiles, surtout dans la Flandre, l'Artois et la Picardie, dans la Brie et la Beauce, et dans les vallées de la Loire, de la Garonne et de la Saône.

La culture et l'élevage en France.

Le **seigle** et le **sarrasin** remplacent le blé dans les régions peu fertiles de la Bretagne et du Massif Central.

Le **maïs**, qui exige assez de chaleur en été, est cultivé dans les vallées de la Garonne et de la Saône.

L'orge et le **houblon**, dont on fait la bière, sont cultivés dans le Nord et dans l'Est.

b) **La vigne** est, avec le blé, la grande richesse agricole de la France. A cause de la chaleur qu'elle exige pour mûrir ses fruits, sa culture ne dépasse pas une ligne allant de l'embouchure de la Loire vers l'Ardenne.

Les *vins de Champagne*, de *Bourgogne* et de *Bordeaux* sont les plus renommés. Les départements de la *Charente* produisent des eaux-de-vie nommées *cognacs*. Le Bas-Languedoc et le Roussillon donnent en abondance des vins ordinaires appelés *vins du Midi*.

La France occupe le premier rang dans le monde pour la qualité et la quantité de ses vins.

c) Les **arbres fruitiers** sont très répandus en France. On trouve partout des cerisiers, des poiriers, des pruniers, des pêchers, des pommiers.

Le **pommier à cidre** est cultivé dans les régions humides de la Manche, en Bretagne, en Normandie et en Picardie.

La **pomme de terre** est cultivée partout, principalement dans les terrains pauvres de Bretagne et du Massif Central.

3. Plantes industrielles. — Les principales plantes industrielles cultivées en France sont : la *betterave à sucre*, le *lin* et le *chanvre*, le *mûrier*, l'*olivier*.

a) La **betterave à sucre** est cultivée dans les plaines limoneuses comprises entre la Seine et la Mer du Nord.

b) Le **lin** est cultivé dans le Nord et l'Ouest ; le **chanvre**, dans l'Ouest ; le **mûrier** et l'**olivier**, dans la région méditerranéenne.

4. Élevage. — Les principaux animaux élevés en France sont les *chevaux*, les *bœufs*, les *vaches*, les *moutons* et les *animaux de basse-cour*.

a) Les **chevaux** sont élevés dans les prairies grasses des régions humides : dans le Boulonnais, en Normandie, dans le Perche, dans la plaine de Tarbes.

Les **ânes** et les **mulets** du Poitou sont les plus estimés.

b) Les **bœufs** de trait et de boucherie sont nombreux dans le Massif Central et le Sud-Ouest (races limousine et charolaise).

c) Les **vaches laitières** paissent dans les prairies humides du Nord-Ouest : en Flandre, en Normandie et en Bretagne, et dans les pâturages des montagnes : dans les Vosges, le Jura, les Alpes et les Pyrénées.

d) Les **moutons** nous donnent leur laine et leur viande ; on les élève dans les pâturages secs de la Champagne, du Berry, des Causses, de la Provence et des Landes.

e) Les **animaux de basse-cour** se trouvent dans toutes les fermes : les *porcs* sont élevés en Lorraine et en Bretagne ; les *oies*, dans la région de Toulouse et en Alsace ; les *poules*, dans le Maine et la Bresse.

5. Forêts. — Les **forêts** couvraient autrefois presque toute la France ; elles ont été en partie détruites pour faire place à des champs, des prairies ou des pâturages. Elles n'occupent actuellement que le cinquième de notre pays. Elles s'étendent surtout dans les terrains où d'autres cultures seraient difficiles : 1° dans les régions montagneuses de l'*Ardenne*, de l'*Argonne*, des *Vosges*, du *Jura*, des *Alpes*, des *Pyrénées* et du *Morvan* où elles sont entremêlées de pâturages ; 2° dans les plaines sablonneuses des *Landes* et des environs de Paris : forêts d'*Orléans*, de *Fontainebleau*, de *Rambouillet*, de *Compiègne*.

D'ailleurs, les forêts sont très utiles : elles fournissent les bois de construction et de chauffage, et beaucoup de pâte à papier : dans les pentes abruptes, leurs racines retiennent les terres que les eaux de pluie tendent à emporter : par la fraîcheur qu'elles dégagent elles condensent les nuages qui se résolvent en pluie.

Questionnaire. — **1.** Quelle est la principale richesse de la France ? — Pourquoi peut-on cultiver un grand nombre de plantes utiles en France ? — **2.** Quelles sont les principales plantes alimentaires cultivées en France ? — *a)* Quelles sont les céréales les plus importantes ? — Où cultive-t-on le blé et l'avoine ? — ...le seigle et le sarrasin ? — Qu'exige la culture du maïs? — ...où se fait-elle? — Que fait-on avec l'orge et le houblon ? — ...où sont-ils cultivés ? — *b)* Quelle est l'importance de la vigne dans notre pays ? — Quelle est la limite de sa culture au Nord ? — Pourquoi ? — Quels sont les vins français les plus renommés ? — Que produisent les départements des Charentes ? — ...le Bas-Languedoc et le Roussillon ? — Quelle place occupe la France dans le monde pour la production du vin ? — *c)* Y a-t-il des arbres fruitiers en France ? — Quels sont les plus ordinaires ? — Où est cultivé le pommier à cidre ? — ...la pomme de terre ? — **3.** Quelles sont les principales plantes industrielles cultivées en France ? — Où cultive-t-on : *a)* la betterave à sucre ? — *b)* ...le lin et le chanvre ? — *c)* ...le mûrier et l'olivier ? — **4.** Quels sont les principaux animaux élevés en France ? — Où sont élevés : *a)* les chevaux ? — ...les ânes et les mulets ? — *b)* ...les bœufs de trait et de boucherie? — *c)* ...les vaches laitières? — *d)* ...les moutons ? — *e)* ...les animaux de basse-cour ? — **5.** Quelle était autrefois l'étendue des forêts en France ? — Que sont-elles devenues ? — Quelle étendue occupent-elles encore ? — Où se trouvent-elles surtout ? — Quelle est l'utilité des forêts ?

Devoir écrit. — 1. *Exercices 56 et 57 du Cahier de Croquis.* — 2. *Indiquez les trois boissons les plus répandues en France, et dites quelles sont les régions qui les emploient.* — 3. *Nommez les plantes ou les fruits dont on parle dans cette leçon, qui servent : 1° à la nourriture de l'homme ou des animaux ; 2° à la fabrication des boissons ; 3° à la confection des vêtements.*

24ᵉ Leçon. — L'INDUSTRIE FRANÇAISE

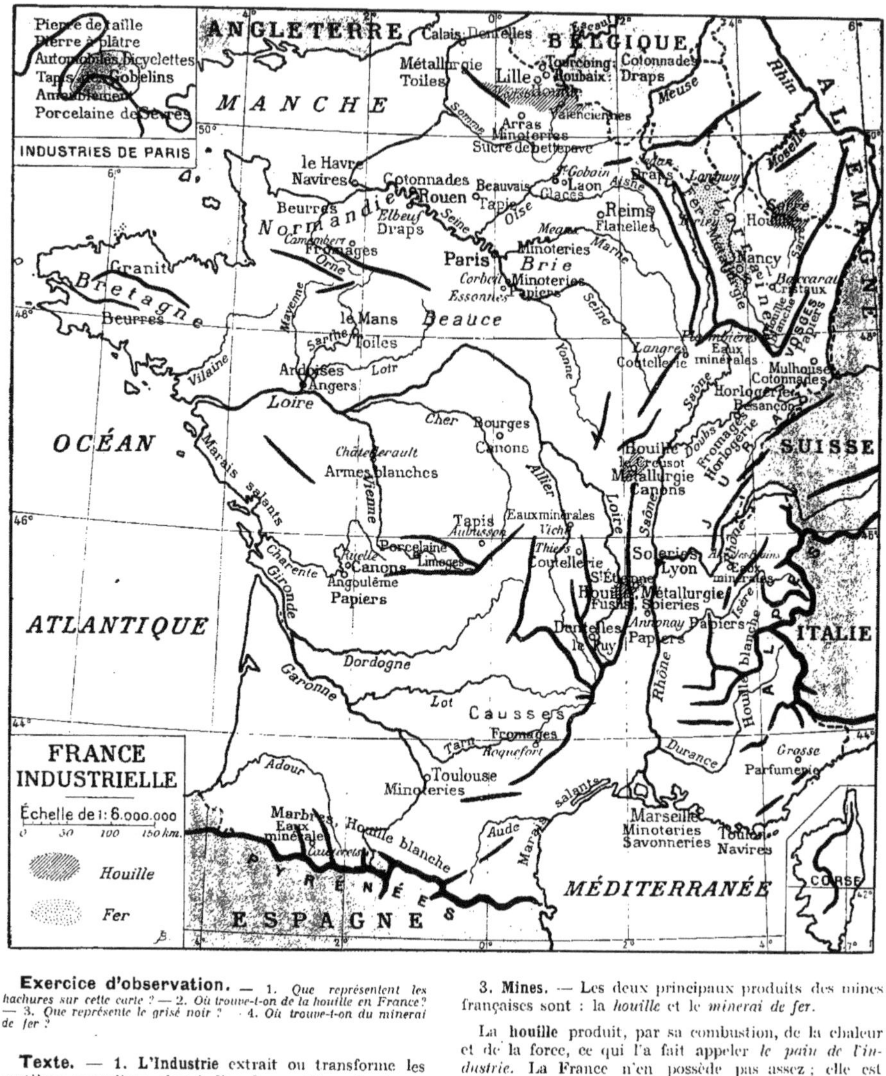

Exercice d'observation. — 1. *Que représentent les hachures sur cette carte ?* — 2. *Où trouve-t-on de la houille en France ?* — 3. *Que représente le grisé noir ?* — 4. *Où trouve-t-on du minerai de fer ?*

Texte. — 1. **L'Industrie** extrait ou transforme les matières premières c'est-à-dire les matières brutes.

Les *matières premières* proviennent du sol par l'agriculture, et du sous-sol par les industries d'extraction.

2. **Industries extractives.** — Les industries d'extraction retirent du sous-sol les minéraux utiles. Elles comprennent l'exploitation des *mines*, des *carrières*, du *sel* et des *eaux minérales.*

3. **Mines.** — Les deux principaux produits des mines françaises sont : la *houille* et le *minerai de fer.*

La **houille** produit, par sa combustion, de la chaleur et de la force, ce qui l'a fait appeler *le pain de l'industrie.* La France n'en possède pas assez ; elle est obligée d'en acheter à l'étranger.

Nos principaux centres houillers sont : dans le Nord, les *bassins de Lens* et de *Valenciennes ;* dans le Nord-Est, le *bassin de la Sarre ;* dans le Centre, les *bassins du Creusot* et de *Saint-Étienne.*

Dans les régions montagneuses, on remplace la houille par le travail des chutes d'eau pour obtenir la force motrice, la chaleur et la lumière ; c'est pourquoi on a donné à ces chutes le nom de *houille blanche*.

Le **minerai de fer** est exploité surtout en Lorraine, dans les bassins de Nancy, de Briey et de Longwy.

4. Carrières. — Les **carrières** abondent en matériaux de construction. Elles fournissent : le *marbre* des Pyrénées, le *granit* de Bretagne, la *pierre de taille* et la *pierre à plâtre* des environs de Paris et les *ardoises* d'Angers.

5. Sel. — On extrait le **sel de cuisine**, soit des mines, soit des marais salants. Le sel des mines ou sel gemme se rencontre surtout aux environs de Nancy ; le sel provenant des marais salants est exploité sur les côtes de la Méditerranée, depuis les Pyrénées jusqu'à Marseille, et sur les côtes de l'Atlantique, de la Loire à la Gironde.

6. Eaux minérales. — En traversant les couches profondes du sol, les eaux d'infiltration s'échauffent et dissolvent des substances minérales qui leur donnent des propriétés médicales fort recherchées. Les **eaux minérales** ayant plus de 20 degrés sont appelées **thermales**. Aucun pays n'est aussi riche que la France en eaux minérales et thermales. Elles se trouvent dans les régions montagneuses. Les plus fréquentées sont celles de *Cauterets* dans les Pyrénées, d'*Aix-les-Bains* dans les Alpes, de *Vichy* dans le Massif Central, et de *Plombières* dans les Vosges.

7. Industries de transformation. — Les industries de transformation sont ainsi appelées parce qu'elles transforment en objets utiles les matières premières. On les divise en : *industries métallurgiques, alimentaires, textiles*, d'*art* et de *luxe*.

8. Industries métallurgiques. — Les **industries métallurgiques** travaillent les métaux, le fer surtout. Le *minerai de fer* est transformé en *fonte* dans les hauts fourneaux, puis en *fer* et en *acier* avec lesquels on fabrique des machines et des outils de toutes sortes.

Les **usines métallurgiques** sont généralement établies auprès des mines de houille ou de fer, et dans les ports qui reçoivent facilement la houille ou les minerais étrangers. Les plus importantes sont celles de *Lille*, du *Creusot* et de *Saint-Étienne* qui emploient la houille de leurs bassins ; celles de *Longwy*, de *Briey* et de *Nancy* qui travaillent le fer des mines voisines. Ces usines fabriquent des *machines à vapeur*, des *locomotives*, des *métiers à filer* et *à tisser*, des *machines agricoles* et des *machines-outils*.

Parmi les autres produits métallurgiques, on peut citer les *navires* construits au Havre et à Toulon ; les *canons*, fondus au Creusot, à Bourges et à Ruelle, près d'Angoulême ; les *fusils*, fabriqués à Saint-Étienne ; les *armes blanches*, à Châtellerault ; la *coutellerie*, à Langres et à Thiers ; les *automobiles* et les *bicyclettes*, à Paris.

9. Industries alimentaires. — Nos industries alimentaires sont très prospères parce que la France est surtout agricole. Elles sont ordinairement établies sur les lieux de production.

Les **minoteries**, qui transforment le grain en farine, se trouvent dans les régions à céréales : à *Arras* pour les plaines du Nord ; à *Meaux* pour la Brie ; à *Corbeil* pour la Beauce ; à *Toulouse* pour la vallée de la Garonne, et à *Marseille* pour les blés importés de Russie.

Le **beurre** se fabrique surtout en Bretagne et en Normandie.

Les **fromages** de *Camembert* en Normandie, de *Gruyère* dans le Jura, et de *Roquefort* dans les Causses, sont les plus renommés.

Les **fabriques de sucre** sont nombreuses dans le Nord où l'on cultive la betterave sucrière.

10. Industries textiles. — Les industries textiles comprennent la filature et le tissage de la laine, du coton, du lin, du chanvre et de la soie. Ce sont les plus prospères des industries françaises.

Les **lainages** se fabriquent avec les laines du pays et celles qu'on importe de l'Australie et de l'Argentine. Ils comprennent : les *draps* d'Elbeuf, de Roubaix et de Sedan ; les *flanelles* de Reims.

Les **cotonnades** se fabriquent avec le coton importé des États-Unis, à Rouen, Tourcoing et Mulhouse.

Les **toiles** de lin se fabriquent à Lille, et les toiles de chanvre, au Mans.

Les **soieries** de Lyon et les **rubans** de Saint-Étienne sont fabriqués avec la soie de la vallée du Rhône et celle qu'on importe de la Chine ou du Japon. Cette industrie très ancienne soutient la concurrence des autres pays pour la quantité, et reste sans rivale pour la qualité des soieries de luxe.

Les **dentelles** se fabriquent au métier, à Calais, et à la main, au Puy.

11. Industries d'art et de luxe. — La France n'occupe que le 4e rang, après les États-Unis, l'Angleterre et l'Allemagne, pour la grande industrie qui produit en quantité et à bon marché, mais elle est sans rivale pour les *industries d'art et de luxe* qui exigent une habile main-d'œuvre.

Les principales sont : les **tapisseries** des Gobelins à Paris, et celles de Beauvais ; les **tapis** d'Aubusson ; les **meubles**, les **bronzes d'art**, l'**orfèvrerie** et les **modes** de Paris qui défient toute concurrence ; les **glaces** de Saint-Gobain, près de Laon ; les **cristaux** de Baccarat, dans les Vosges ; les **porcelaines fines** de Sèvres, près de Paris, et celles de Limoges.

12. Industries diverses. — Les plus importantes sont : les **papeteries** de l'Isère, des Vosges, d'Essonnes, près de Corbeil, d'Angoulême et d'Annonay ; l'**horlogerie** de Besançon et du Jura ; les **savonneries** de Marseille ; les **parfumeries** de Grasse.

Questionnaire. — **1.** Que fait l'industrie ? — D'où proviennent les matières premières ? — **2.** Quel est le travail des industries d'extraction ? — Que comprennent-elles ? — **3.** Quels sont les deux principaux produits des mines françaises ? — Quelle est l'utilité de la houille ? — Est-elle abondante en France ? — Quels sont nos principaux centres houillers dans le Nord ? — ...dans le Nord-Est ? — ...dans le Centre ? — Par quoi remplace-t-on la houille dans les régions montagneuses ? — Où exploite-t-on surtout le minerai de fer ? — **4.** Quels sont les produits de nos carrières ? — **5.** D'où extrait-on le sel de cuisine ? — Quel nom donne-t-on au sel des mines ? — Quelle est la région qui en fournit plus ? — Où sont exploités les marais salants ? — **6.** Comment les eaux d'infiltration acquièrent-elles des propriétés médicales ? — La France a-t-elle des eaux minérales et thermales ? — Où se trouvent-elles ? — Quelles sont les plus fréquentées ? — **7.** Pourquoi les industries de transformation sont-elles ainsi appelées ? — Comment les divise-t-on ? — **8.** Que travaillent les industries métallurgiques ? — Quelles transformations fait-on subir au minerai de fer ? — Où sont généralement établies les usines métallurgiques ? — Quelles sont les plus importantes ? — Que fabriquent ces usines ? — Où fabrique-t-on surtout des navires ? — ...des canons ? — ...des fusils ? — ...des armes blanches ? — ...de la coutellerie ? — ...des automobiles et des bicyclettes ? — **9.** Les industries alimentaires sont-elles prospères en France ? — Pourquoi ? — Où sont-elles ordinairement établies ? — Où se trouvent les minoteries ? — Où fabrique-t-on du beurre ? — ...du fromage ? — ...du sucre de betterave ? — **10.** Que comprennent les industries textiles ? — Sont-elles prospères en France ? — Avec quoi se fabriquent les lainages ? — Où fabrique-t-on les draps ? — ...les flanelles ? — D'où vient le coton dont on fait les cotonnades ? — Où se fabriquent-elles ? — Où fabrique-t-on les toiles ? — D'où vient la soie employée dans les soieries de Lyon et les rubaneries de Saint-Étienne ? — Cette industrie est-elle prospère ? — Où se font les dentelles au métier ? — ...à la main ? — **11.** Quelle est la place occupée par la France dans la grande industrie ? — ...dans les industries d'art et de luxe ? — Où fabrique-t-on des tapisseries ? — ...des tapis ? — Quelles sont les industries d'art et de luxe de Paris ? — Où fabrique-t-on principalement des glaces ? — ...des cristaux ? — ...des porcelaines fines ? — **12.** Où trouve-t-on surtout : des papeteries ? — ...de l'horlogerie ? — ...des savonneries ? — ...des parfumeries ?

Devoir écrit. — 1. *Exercices 58 et 59 du Cahier de Croquis.* — 2. *En vous servant de la leçon comme plan, indiquez les industries de notre localité.*

25e Leçon. — LE COMMERCE ET LES VOIES DE COMMUNICATION DE LA FRANCE

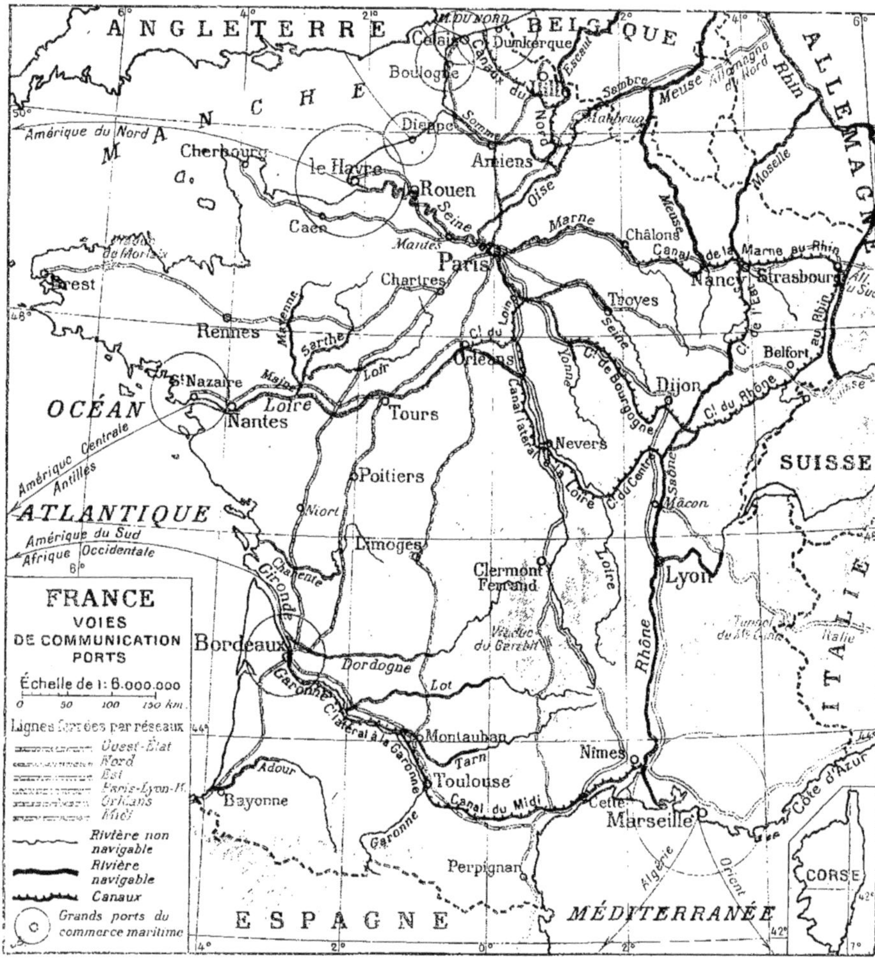

Exercice d'observation. 1. *Que représentent les lignes rouges tracées sur cette carte ? — 2. Par quelles villes passeriez-vous pour aller, en chemin de fer, de Bayonne à Lille? — ...de Brest à Strasbourg ? — ...de Cherbourg à Belfort ? — ...du Havre à Marseille ? — ...de Calais à Toulouse ? — ...de Bordeaux à Nice ? — 3. Quelle est la ville où se réunissent presque toutes les grandes voies ferrées ? — 4. Comment iriez-vous d'ici à Brest ? — ...à Calais ? — ...à Strasbourg ? — ...à Marseille ? — ...à Bordeaux ? — 5. Que représentent sur cette carte, les grosses lignes bleues ? — ...les lignes bleues avec échelons ? — 6. Quelles rivières navigables ou quels canaux suivriez-vous et par quelles villes passeriez-vous pour aller, en bateau, de Brest à Lyon ? — ...du Havre à Strasbourg ? — ...de Calais à Orleans ? — ...de Paris à Lyon ? — ...de Bordeaux à Strasbourg ? — 7. Quelle est la rivière navigable la plus proche d'ici ? — 8. Que représentent les cercles plus ou moins grands en rouge ? — 9. Nommez nos quatre plus grands ports de commerce maritime.*

Texte. 1. Commerce. — Le commerce est *intérieur* ou *extérieur.*

Le commerce **intérieur** se fait entre les habitants d'un même pays. Il comprend le commerce **en gros**, entre producteurs et commerçants, et le commerce **au détail**, entre commerçants et consommateurs.

Il s'exerce d'une manière *permanente* dans les *magasins* et les *boutiques*, et d'une façon *périodique* dans les *marchés* et les *foires*.

Le commerce intérieur de la France est considérable.

Le **commerce extérieur** a lieu d'un pays à un autre. Il comprend l'exportation et l'importation. **L'exportation** transporte à l'étranger des produits du pays ; **l'importation** apporte dans le pays des produits étrangers.

On connaît la valeur totale du commerce extérieur par les registres des douanes. Il place la France au troisième rang des grandes puissances commerciales, après l'Angleterre et les États-Unis.

2. Importations. — La France achète à l'étranger :

1° Des **matières premières pour son industrie** : *laines* de l'Australie et de l'Argentine : *coton* des États-Unis : *soie* de la Chine et du Japon ; *houille* de l'Angleterre, de la Belgique et de l'Allemagne ; *bois* de Suède et de Norvège ; *graines oléagineuses* et *caoutchouc* de l'Afrique occidentale.

2° Des **denrées alimentaires** : *blé* des États-Unis : *café* du Brésil ; *thé* de la Chine ; *riz* de l'Indo-Chine.

3° Des **produits fabriqués** : *machines* de l'Angleterre.

3. Exportations. — La France vend à l'étranger :

1° Des **produits fabriqués** : *soieries* de luxe et *articles de Paris ; lainages* et *cotonnades : automobiles* et *carrosserie.*

2° Des **matières premières** : *minerai de fer.*

3° Des **denrées alimentaires** : *vins, fruits, volaille, beurre* et *fromage.*

4. Voies de communication. — Les principales voies de communication employées par le commerce sont les routes, les chemins de fer, les voies fluviales, la navigation maritime et aérienne, la poste, le télégraphe et le téléphone.

5. Routes. — La France a 700.000 kilomètres de routes, ce sont les premières du monde pour leur longueur et leur organisation.

On distingue les *routes nationales*, entretenues par l'État ; les *routes départementales*, à la charge des départements, et les *chemins vicinaux*, aux frais des communes qu'ils traversent.

6. Chemins de fer. — La France a 50.000 kilomètres de chemins de fer, répartis en six réseaux dont l'un appartient à l'État (*Ouest-État*) et les autres à des Compagnies (réseaux du *Nord*, de l'*Est*, de *Paris-Lyon-Méditerranée*, d'*Orléans* et du *Midi*).

La plupart des grandes lignes rayonnent de Paris et se relient aux frontières avec les chemins de fer étrangers. — *Étudiez-les sur la carte, par réseau, de la façon suivante :*

1° **Réseau de l'Ouest-État** : Paris à Bordeaux, par Chartres et Niort.

Paris à Brest par Chartres et Rennes. Etc.

7. Voies fluviales. — Les voies fluviales comprennent les *rivières navigables* et les *canaux*. On les emploie pour le transport des marchandises lourdes et encombrantes mais de facile conservation, comme la houille, les minerais et les matériaux de construction. Leur transport est plus lent, mais il est quatre fois moins coûteux qu'en chemin de fer.

La France possède 9.000 kilomètres de **rivières navigables.** Les principales sont : au *Nord*, la Seine et la plupart de ses affluents, ainsi que la Somme, la Sambre et l'Escaut ; à l'*Est*, la Meuse, la Moselle, le Rhin, la Saône et le Rhône ; au *Sud-Ouest*, l'Adour, la Gironde, le Tarn, le Lot, la Dordogne et la Charente ; à l'*Ouest*, la Basse-Loire et la Maine avec ses affluents.

Les **canaux** sont des rivières navigables creusées par les hommes. La France en possède 5.000 km. On distingue les *canaux latéraux* et les *canaux de jonction.*

Les **canaux latéraux** longent des rivières qui ne sont pas navigables et les remplacent. Les deux principaux sont :

Le *canal latéral à la Loire* et le *canal latéral à la Garonne.*

Les **canaux de jonction** joignent des rivières ou des canaux latéraux. Voici les principaux :

Les *canaux du Nord*, réunissent la Sambre, l'Oise, la Somme, l'Escaut et la Mer du Nord :

Le *canal de la Marne au Rhin ;*

Le *canal de l'Est* unit la Moselle à la Saône ;

Le *canal du Rhône au Rhin ;*

Le *canal de Bourgogne* unit l'Yonne à la Saône ;

Le *canal du Centre* unit la Loire à la Saône ;

Le *canal du Loing* unit la Seine à la Loire ;

Le *canal du Midi* unit la Garonne à la Méditerranée et au Rhône.

8. Navigation maritime. — Pour les transports au delà des mers, *des services réguliers* de *navires de commerce* sont établis entre nos ports principaux et l'étranger. Voici nos grands ports de mer :

1° *Marseille*, en relation avec toutes les côtes méditerranéennes et l'Orient :

2° *Le Havre*, avec l'Amérique du Nord ;

3° *Bordeaux*, avec l'Amérique du Sud et l'Afrique occidentale ;

4° *Saint-Nazaire*, avec l'Amérique Centrale et les Antilles ;

5° *Dunkerque, Calais, Boulogne* et *Dieppe* avec l'Angleterre.

9. Aviation. — Depuis la Grande Guerre, l'avion est devenu un moyen rapide de transport pour voyageurs et marchandises.

Des services réguliers sont déjà établis entre Paris et quelques capitales d'Europe : Londres, Bruxelles, Prague et Varsovie.

10. Postes, télégraphes et téléphones. — Le transport des lettres confiées à la poste se fait rapidement, par chemins de fer, bateaux à vapeur et avions.

De nombreuses lignes télégraphiques et téléphoniques, complétées par la télégraphie sans fil, unissent nos villes et nos gros villages et se relient aux lignes étrangères.

De plus, des câbles sous-marins unissent la France avec l'Angleterre, l'Amérique et l'Afrique.

Questionnaire. — **1.** Comment se divise le commerce ? — Qu'est-ce que le commerce intérieur ? — Que comprend-il ? Où s'exerce-t-il ? — Est-il considérable en France ? — Qu'est-ce que le commerce extérieur ? — Que comprend-il ? — Quelle différence y a-t-il entre l'exportation et l'importation ? — Comment connaît-on la valeur du commerce extérieur ? — A quel rang des grandes puissances commerciales place-t-on la France? — **2.** Quels produits la France achète-t-elle à l'étranger ? — **3.** Que vend-elle à l'étranger ? — **4.** Quelles sont les principales voies de communication ? — **5.** Quelle est la longueur des routes en France ? — Combien en distingue-t-on de sortes ? — **6.** Quelle est la longueur des chemins de fer français? — En combien de réseaux les divise-t-on? — Nommez les principales lignes de chaque réseau. — **7.** Comment divise-t-on les voies fluviales ? — A quoi les emploie-t-on et pourquoi ? — Quelle est la longueur des rivières navigables en France ? — Quelles sont les principales ? — Qu'est-ce que les canaux ? — Quelle est leur longueur en France ? — Combien en distingue-t-on de sortes ? — Qu'est-ce que les canaux latéraux ? — Nommez les deux principaux. — Qu'est-ce que les canaux de jonction ? — Nommez les principaux. — **8.** Comment se font les transports au delà des mers ? — Quels sont nos grands ports de mer ? — Avec quels pays sont-ils en relation ? — **9.** Que savez-vous de l'aviation ? — **10.** Comment se font les transports rapides de la poste ? — A quoi servent les lignes télégraphiques et téléphoniques? — Quels sont les pays réunis à la France par des cables sous-marins ?

Devoir écrit. — 1. *Exercices 60 et 61 du Cahier de Croquis.* — 2. *Quelles villes traverseriez-vous si vous alliez, en chemin de fer : 1° du Havre à Marseille ? — 2° de Brest à Strasbourg ? — 3° de Lille à Toulouse.* — 3. *Quelles rivières ou quels canaux suivriez-vous si vous alliez, en bateau, du Havre à Strasbourg et à Bordeaux ?*

26e Leçon. — LE GOUVERNEMENT ET L'ADMINISTRATION DE LA FRANCE LA FRANCE DU NORD ET DU NORD-EST

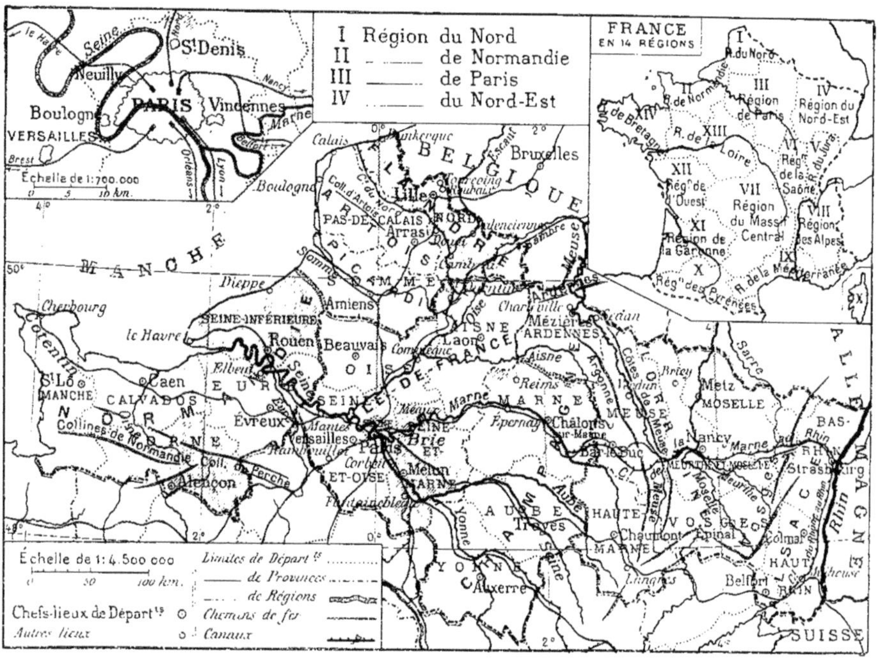

Exercice d'observation. — *1. Lisez, sur la petite carte de France, en haut et à droite, en combien de régions est divisée la France ? — 2. Nommez ces régions dans l'ordre indiqué ? — 3. Quelles sont les régions représentées sur la grande carte ? — 4. Nommez les départements de chaque région.*

Texte. — **1. Population.** — La France compte près de 40 *millions* d'habitants. Ils parlent généralement la *langue française*, et professent en majorité la *religion catholique*.

2. Gouvernement. — La France est une *République*. Les Français élisent les *Députés* et les *Sénateurs* qui font les lois et qui nomment le *Président de la République*. Celui-ci fait exécuter les lois avec l'aide des *Ministres* qu'il choisit et des fonctionnaires qu'il nomme.

3. Divisions administratives. — Avant la *Grande Révolution*, la France était divisée en provinces, dont les noms sont encore souvent employés.

Actuellement, la France est divisée en 89 **départements,** plus le territoire de Belfort.

Les départements empruntent leurs noms aux cours d'eau qui les traversent, aux montagnes qu'ils renferment, ou à leur situation géographique.

Chaque *département* est divisé en *arrondissements*, les arrondissements en *cantons*, et les cantons en *communes*.

Le **département** est administré par un *préfet*, nommé par le gouvernement ; le préfet réside au *chef-lieu du département*.

L'**arrondissement** est administré par un *sous-préfet*, nommé par le gouvernement.

Le **canton** n'a pas d'administration particulière. Au chef-lieu de chaque canton, il y a un *juge de paix* et une brigade de *gendarmerie*.

La **commune** est administrée par le *conseil municipal*. Ce conseil est élu par les habitants et présidé par le *maire*.

4. Régions naturelles. — Une **région naturelle** est une certaine étendue de territoire dont les parties se ressemblent par le sol et le climat, ou se complètent par leurs ressources.

On peut diviser la France en 14 *régions naturelles* :

I. RÉGION DU NORD

5. Provinces et Départements. — La région du Nord est formée de la Flandre, de l'Artois et de la Picardie. Elle comprend trois départements :

FLANDRE : NORD, *chef-lieu* Lille ; *villes principales* Roubaix, Tourcoing, Dunkerque, Douai, Valenciennes, Cambrai.

ARTOIS.. : PAS-DE-CALAIS, *ch.-l.* Arras ; *v. pr.* Calais, Boulogne.

PICARDIE : SOMME, *ch.-l.* Amiens.

6. Aspect, climat et productions. — La région du Nord s'étend sur un pays de plaines basses, un peu relevées et ondulées dans l'Artois. Elle est parcourue par de nombreuses rivières lentes et navigables.

Le **climat** est doux, humide et souvent brumeux.

Le sol de la région est très fertile : il produit du *blé* et des *betteraves à sucre;* nourrit les bonnes *vaches laitières* de Flandre et les vigoureux *chevaux boulonnais.* L'abondance de la *houille* a provoqué le développement des *industries métallurgiques et textiles.*

7. Villes. — **Lille** (200.000 h.) est notre grand centre industriel du Nord. Elle s'adonne aux industries textiles, ainsi que les villes voisines : **Roubaix** (115.000 h.) et **Tourcoing** (80.000 h.). Ses faubourgs ont d'importantes fabriques de sucre de betterave et de vastes ateliers métallurgiques.

Amiens (93.000 h.) doit sa prospérité aux jardins maraîchers qui l'entourent et à son industrie des velours ; sa renommée lui vient de sa vaste cathédrale.

Arras (25.000 h.), a d'importantes minoteries.

II. RÉGION DE NORMANDIE

8. Province et Départements. — La région de Normandie est formée de l'ancienne province du même nom ; elle comprend cinq départements.

NORMANDIE	SEINE-INFÉRIEURE, *ch.-l.* **Rouen** ; *v. pr.* Le Havre, Dieppe, Elbeuf.
	EURE, *ch.-l.* **Évreux.**
	CALVADOS, *ch.-l.* **Caen.**
	MANCHE, *ch.-l.* **Saint-Lô** ; *v. pr.* Cherbourg.
	ORNE, *ch.-l.* **Alençon.**

9. Aspect, climat et productions. — La région normande est un pays de **plaines basses**, relevées au sud par les collines de Normandie et du Perche.

Son **climat**, doux et humide, convient aux **prairies grasses** où l'on élève des *chevaux* et des *vaches laitières.* Les *industries textiles* sont développées le long de la Basse-Seine, surtout à Rouen et à Elbeuf.

10. Villes. — **Le Havre** (164.000 h.) a des chantiers de constructions navales. Son port est en relation avec New-York. (*Voir 5e image, page 64.*)

Rouen (125.000 h.), sur la Seine, est un grand port fluvial et un centre important de fabrication de cotonnades, dites rouenneries. (*Revoir 2e image, page 41.*)

Cherbourg (40.000 h.) est un port militaire.

III. RÉGION DE PARIS

11. Provinces et départements. — La région de Paris est formée de l'Ile-de-France et d'une partie de la Champagne ; elle comprend huit départements :

ILE DE FRANCE...	SEINE, *ch.-l.* **Paris** ; *v. pr.* Saint-Denis.
	SEINE-ET-OISE, *ch.-l.* **Versailles** ; *v. pr.* Corbeil, Rambouillet, Mantes.
	SEINE-ET-MARNE, *ch.-l.* **Melun** ; *v. pr.* Fontainebleau, Meaux.
	OISE, *ch.-l.* **Beauvais** ; *v. pr.* Compiègne.
	AISNE, *ch.-l.* **Laon** ; *v. pr.* Saint-Quentin.
CHAMPAGNE	MARNE, *ch.-l.* **Châlons-sur-Marne** ; *v. pr.* Reims, Épernay.
	AUBE, *ch.-l.* **Troyes.**
	YONNE, *ch.-l.* **Auxerre.**

12. Aspect, climat et productions. — La région de Paris s'étend sur des **plaines ondulées**, drainées par la Seine et ses affluents. Son **climat** est doux et pluvieux.

La région produit des *céréales*, surtout dans la Brie : des *betteraves à sucre*, principalement dans l'Aisne, et les célèbres *vins de Champagne.*

13. Villes. — **Paris**, la capitale de la France, compte près de 3 millions d'habitants. Elle vient après New-York et Londres pour la population et l'étendue, mais elle est la première ville du monde pour l'élégance et le bon goût, les lettres, les sciences, les arts et la beauté de ses monuments. (*Voir 3e image, page 55.*)

Les produits de ses industries de luxe, et sa bimbeloterie, connue sous le nom d'articles de Paris, s'écoulent dans le monde entier. La capitale est entourée de **40** villes-faubourgs de plus de **10.000** habitants. Elles forment avec Paris notre principal centre industriel.

Reims (80.000 h.) fabrique du drap et fait le commerce des vins de Champagne. Sa splendide cathédrale a été bombardée et incendiée par les Allemands, au cours de la Grande Guerre.

Versailles (65.000 h.) possède le somptueux palais de Louis XIV, aujourd'hui transformé en musée. (*Voir 4e image, p. 55.*)

IV. RÉGION DU NORD-EST

14. Provinces et départements. — La région du Nord-Est est formée de l'Alsace, de la Lorraine et d'une partie de la Champagne.

CHAMPAGNE	ARDENNES, *ch.-l.* **Mézières** ; *v. pr.* Charleville, Sedan.
	HAUTE-MARNE, *ch.-l.* **Chaumont** ; *v. pr.* Langres.
LORRAINE .	MEUSE, *ch.-l.* **Bar-le-Duc** ; *v. pr.* Verdun.
	VOSGES, *ch.-l.* **Épinal.**
	MEURTHE-ET-MOSELLE, *ch.-l.* **Nancy** ; *v. pr.* Briey.
	MOSELLE, *ch.-l.* **Metz.**
ALSACE	BAS-RHIN, *ch.-l.* **Strasbourg.**
	HAUT-RHIN, *ch.-l.* **Colmar** ; *v. pr.* Mulhouse.
	TERRITOIRE DE **Belfort.**

15. Aspect, climat et productions. — La région du Nord-Est comprend : 1° la **chaîne des Vosges** bordée à l'Est par la **plaine d'Alsace**, et à l'Ouest par le **Plateau de Lorraine** ; 2° les **Côtes de Meuse et l'Argonne** qui se soudent à l'**Ardenne** au Nord, et qui sont séparées par **la vallée de la Meuse.** Son **climat** est continental ; les hivers sont rudes et longs, les étés chauds et orageux.

La riche plaine d'Alsace produit du *blé* et des *betteraves à sucre;* le Plateau de Lorraine, du *blé* et des *pommes de terre ;* dont on nourrit beaucoup de *porcs.* Le reste de la région est surtout occupé par des *forêts* et des *pâturages.* Les *industries métallurgiques* sont très développées en Lorraine, à cause du *minerai de fer* du pays et de la *houille* de la Sarre. Favorisées par la houille blanche, les *industries textiles* sont actives aux pieds des Vosges.

16. Villes. — **Strasbourg** (170.000 h.) est un des grands ports fluviaux de la vallée rhénane. La ville doit sa prospérité à son commerce et à ses industries alimentaires ; on admire sa superbe cathédrale.

Nancy (115.000 h.) est notre grand centre métallurgique de l'Est, grâce au minerai de fer des environs.

Mulhouse (120.000 h.), dans la plaine d'Alsace, est une grande ville cotonnière et métallurgique.

Questionnaire. — **1.** Quelle est la population de la France ? — Indiquez sa langue et sa religion dominantes ? — **2.** Quel est le gouvernement de la France ? — **3.** Comment se divisait la France avant la Grande Révolution ? — Comment se divise-t-elle actuellement ? — D'où viennent les noms des départements ? — Comment les départements sont-ils divisés ? — Comment est administré le département ? — ...l'arrondissement ? — ...le canton ? — ...la commune ? — **4.** Qu'est-ce qu'une région naturelle ? — **5.** Nommez les provinces et les départements, avec leur chef-lieu et les villes principales, qui forment la région du Nord. — **6.** Parlez de l'aspect, du climat et des productions de cette région ? — **7.** Que savez-vous de Lille ? — ...d'Amiens ? — ...d'Arras ? — **8 à 16.** Même genre de questions pour les régions de la Normandie. — ...de Paris. — ...du Nord-Est.

Devoir écrit. — 1. *Exercice 62 du Cahier de Croquis.* — 2. *Nommez par région et dans l'ordre du texte les départements étudiés dans cette leçon, qui tirent leur nom : 1° des cours d'eau ; 2° des montagnes.*

27ᵉ Leçon. — LA FRANCE DU SUD-EST ET DU CENTRE

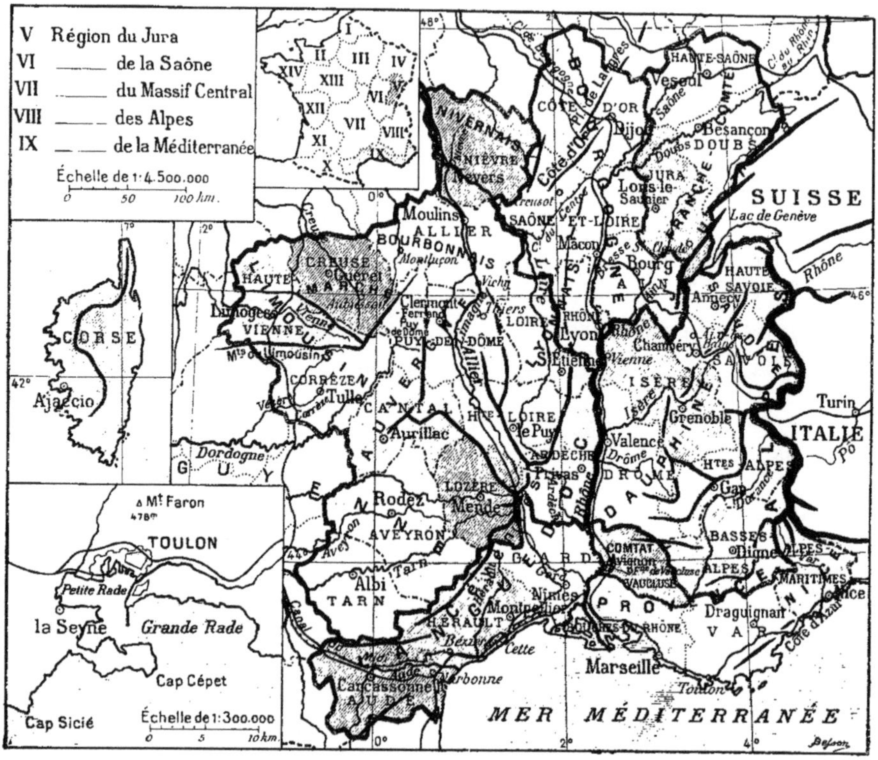

Exercice d'observation. — 1. *Quelles sont les régions représentées sur cette carte ?* — 2. *Nommez les départements de chaque région.*

V. RÉGION DU JURA

Texte. — **1. Province et Départements.** — La région du Jura s'étend sur la Franche-Comté ; elle comprend trois départements :

FRANCHE-COMTÉ {
HAUTE-SAÔNE, *ch.-l.* **Vesoul.**
DOUBS, *ch.-l.* **Besançon.**
JURA, *ch.-l.* **Lons-le-Saunier** ;
v. pr. Saint-Claude.

2. Aspect, climat et productions. — La région du Jura est formée de **chaînons parallèles** qui vont s'abaissant vers l'Ouest, où ils se terminent par un plateau à peine ondulé. Le **climat** est continental : les étés sont chauds et les hivers longs et rudes.

La montagne a de *belles forêts ;* le plateau nourrit des *vaches laitières* dont le lait sert à fabriquer du *fromage de Gruyère.* L'*horlogerie* à domicile est pratiquée dans toute la région et occupe les loisirs de l'hiver.

3. Villes. — **Besançon** (56.000 h.), place forte sur une des boucles du Doubs, est le centre de l'horlogerie française.

VI. RÉGION DE LA SAONE

4. Provinces et Départements. — Cette région est formée de la Bourgogne et d'une partie du Lyonnais ; elle comprend quatre départements :

BOURGOGNE {
CÔTE-D'OR, *ch.-l.* **Dijon.**
SAÔNE-ET-LOIRE, *ch.-l.* **Mâcon** ;
v. pr. Le Creusot.
AIN, *ch.-l.* **Bourg.**

LYONNAIS . . : RHÔNE, *ch.-l.* **Lyon.**

5. Aspect, climat et productions. — La région de la Saône s'étend sur la **plaine** de même nom et sur les pentes orientales des **hauteurs** qui la limitent à l'Ouest. Son **climat** est continental : les étés sont chauds et les hivers très froids.

La plaine est fertile en *blé* et en *maïs* qui sert à élever de la *volaille*, surtout dans la Bresse. Les coteaux produisent les fameux *vins de Bourgogne.* La principale industrie du sud de la région est celle de la *soie.*

6. Villes. — **Lyon** (565.000 h.) est notre principal centre de l'industrie de la soie, et la première ville du monde pour les soieries de luxe. (*Voir 6ᵉ image, page* **55**.)

Dijon (35.000 h.), sur la ligne de Paris à Lyon, fait un grand commerce de vins de Bourgogne.

Le Creusot possède l'établissement métallurgique le plus important de la France.

VII. RÉGION DU MASSIF CENTRAL

7. Provinces et Départements. — La région du Massif Central est formée de l'Auvergne, au Centre ; du Limousin et de la Marche, à l'Ouest ; du Bourbonnais et du Nivernais, au Nord ; d'une partie du Lyonnais, du Languedoc et de la Guyenne, à l'Est et au Sud ; elle comprend treize départements :

AUVERGNE . .	PUY-DE-DÔME, *ch.-l.* **Clermont-Ferrand** ; *v. pr.* Thiers. CANTAL, *ch.-l.* **Aurillac.**
LIMOUSIN . . .	CORRÈZE, *ch.-l.* **Tulle.** HAUTE-VIENNE *ch.-l.* **Limoges.**
MARCHE	CREUSE, *ch.-l.* **Guéret** ; *v. pr.* Aubusson.
BOURBONNAIS	ALLIER, *ch.-l.* **Moulins** ; *v. pr.* Montluçon.
NIVERNAIS . . .	NIÈVRE, *ch.-l.* **Nevers.**
LYONNAIS	LOIRE, *ch.-l.* **Saint-Étienne.**
LANGUEDOC . .	HAUTE-LOIRE, *ch.-l.* **Le Puy.** ARDÈCHE, *ch.-l.* **Privas.** LOZÈRE, *ch.-l.* **Mende.** TARN, *ch.-l.* **Albi.**
GUYENNE	AVEYRON, *ch.-l.* **Rodez.**

8. Aspect, climat et productions. — Le Massif Central est un pays **montagneux** et **pauvre**, coupé de quelques **vallées fertiles.** Son **climat** est rude : les hivers sont longs et neigeux et les étés orageux et très chauds, surtout dans les vallées.

Le sol est généralement pauvre : il porte des *forêts* et de maigres cultures de *seigle*, de *sarrasin* et de *pommes de terre*. Ses pâturages nourrissent des *bœufs* et des *vaches laitières*, en Auvergne et dans le Nivernais ; des *chevaux*, dans le Limousin, et des *brebis*, dans les Causses. La Limagne est très fertile : elle produit en abondance du *blé*, des *betteraves à sucre* et des *fruits*.

Le sous-sol est riche en *houille* qu'on exploite surtout aux environs de Saint-Étienne. Les *stations thermales* sont nombreuses : **Vichy** est la plus fréquentée.

9. Villes. — **Saint-Étienne** (170.000 h.), au centre d'un bassin houiller, a de grandes usines métallurgiques, des manufactures d'armes et des rubaneries de soie.

Limoges (92.000 h.) a d'importantes fabriques de porcelaine et fait le commerce de bœufs et de chevaux.

Clermont-Ferrand (85.000 h.) fabrique des conserves de fruits et du sucre de betterave avec les produits de la Limagne : il a d'importantes usines à caoutchouc.

VIII. RÉGION DES ALPES

10. Provinces et Départements. — La région des Alpes est formée de la Savoie, du Dauphiné et de la Haute Provence : elle comprend six départements :

SAVOIE . . .	HAUTE-SAVOIE, *ch.-l.* **Annecy.** SAVOIE, *ch.-l.* **Chambéry.**
DAUPHINÉ	ISÈRE, *ch.-l.* **Grenoble** ; *v. pr.* Vienne. DRÔME, *ch.-l.* **Valence.** HAUTES-ALPES, *ch.-l.* **Gap.**
PROVENCE	BASSES-ALPES, *ch.-l.* **Digne.**

11. Aspect, climat et productions. — La région des Alpes est **montagneuse** et **pauvre**, mais elle est sillonnée de **vallées fertiles** et peuplées. Le **climat** est rude, et d'autant plus froid que l'altitude est plus élevée.

Au-dessous des hauts sommets couverts de neiges persistantes et de glaciers, il y a les *alpages* ou pâturages d'été, puis des *forêts*, et ensuite des *prairies* et de maigres cultures de *seigle* et de *pommes de terre*. Dans les vallées plus basses et plus fertiles de l'Isère et du **Rhône**, on cultive le *blé et le mûrier*. L'élevage est la grande ressource de la montagne. Dans les Alpes de Savoie et du Dauphiné, on élève des *vaches laitières ;* les Alpes de Provence, plus sèches, ne nourrissent guère que des *moutons*. Les *stations thermales*, **Aix-les-Bains** surtout, et les *sites* merveilleux des Alpes attirent chaque année des milliers de malades et de touristes. Grâce à la houille blanche et aux forêts, la vallée de l'Isère a de nombreuses *papeteries*.

12. Villes. — **Grenoble** (77.000 h.), sur l'Isère, confectionne des gants de peau. (*Voir 2e image, page* 64.)

Vienne, sur le Rhône, fabrique du drap.

IX. RÉGION MÉDITERRANÉENNE

13. Provinces et Départements. — La région méditerranéenne s'étend sur le Comté de Nice, la Basse-Provence, le Comtat, le Bas-Languedoc et la Corse : elle comprend huit départements :

COMTÉ DE NICE	ALPES-MARITIMES, *ch.-l.* **Nice.**
PROVENCE	VAR, *ch.-l.* **Draguignan** ; *v. pr.* Toulon. BOUCHES-DU-RHÔNE, *ch.-l.* **Marseille.**
COMTAT	VAUCLUSE, *ch.-l.* **Avignon.**
LANGUEDOC . . .	GARD, *ch.-l.* **Nîmes.** HÉRAULT, *ch.-l.* **Montpellier** ; *v. pr.* Béziers, Cette. AUDE, *ch.-l.* **Carcassonne** ; *v. pr.* Narbonne.
CORSE	CORSE, *ch.-l.* **Ajaccio.**

14. Aspect, climat et productions. — La région méditerranéenne comprend deux parties bien distinctes : à l'Est, un **pays montagneux** terminé par une **côte rocheuse** creusée de bons ports ; à l'Ouest, une **plaine** terminée par une **côte basse et marécageuse.**

Son **climat** est le plus chaud et le plus sec de la France : les hivers sont tièdes et ensoleillés, coupés d'averses rares et torrentielles ; les étés, très chauds et très secs.

Les maigres pâturages de la Basse-Provence nourrissent des *troupeaux* qui vont passer l'été dans les alpages : le long du rivage de la Provence, on cultive l'*olivier* et même l'*oranger* sur la **Côte d'Azur.** Les plaines du Bas-Languedoc sont plantées de vignes qui produisent les *vins du Midi ;* sur la côte on exploite les *marais salants*.

La **Corse** est une île montagneuse couverte de forêts, de maquis buissonneux et de pâturages. Les troupeaux de moutons et de chèvres sont, avec la pêche, ses principales ressources.

15. Villes. — **Marseille** (590.000 h.) est notre premier port de commerce. Dans ses minoteries et ses savonneries, on travaille les matières premières importées par ses navires. (*Voir 5e image, page* 55.)

Nice (180.000 h.) est la principale de nos stations hivernales de la Côte d'Azur. (*Voir l'image, page* 39.)

Toulon (110.000 h.), port militaire, a des chantiers pour la construction des navires de guerre.

Cette, à l'entrée du Canal du Midi, exporte des vins.

Questionnaire. — 1. Nommez la province et les départements, avec leur chef-lieu et les villes principales, qui forment la région du Jura. — 2. Parlez de l'aspect, du climat et des productions de cette région. — 3. Que savez-vous de Besançon ? — 4 à 15. Même genre de questions pour les régions de la Saône. — ...du Massif Central. — ...des Alpes. — ...de la Méditerranée.

Devoir écrit. — 1. *Exercice 63 du Cahier de Croquis.* — 2. *Nommez par région, et dans l'ordre du texte, les départements étudiés dans cette leçon, qui tirent leur nom : 1° des cours d'eau ; 2° des montagnes ; ...ceux qui ont conservé le nom des anciennes provinces qui les ont formés.*

28ᵉ Leçon. — LA FRANCE DU SUD-OUEST ET DE L'OUEST

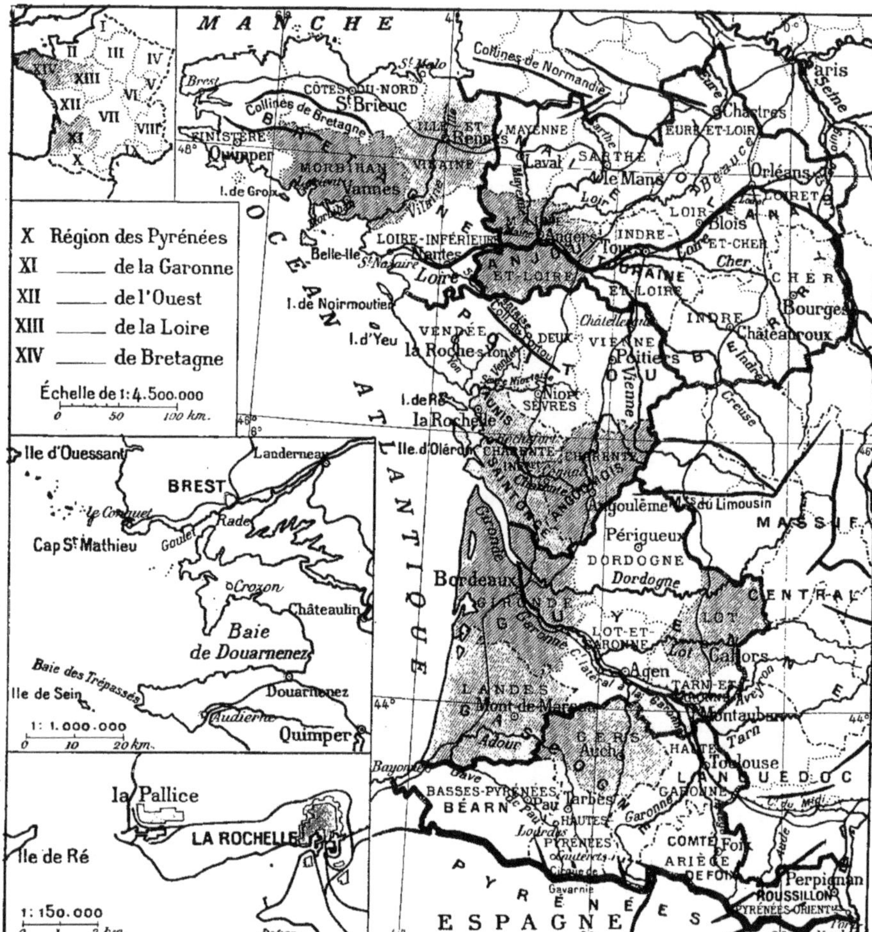

Exercice d'observation. — 1. *Quelles sont les régions représentées sur cette carte ? — 2. Indiquez les départements compris dans chaque région.*

X. RÉGION DES PYRÉNÉES

Texte. — 1. Provinces et Départements. — La région des Pyrénées est formée du Béarn, d'une partie de la Gascogne et du Languedoc, du Comté de Foix et du Roussillon ; elle comprend six départements :

BÉARN...... : BASSES-PYRÉNÉES, *ch.-l.* **Pau** ; *v. pr.* Bayonne.

GASCOGNE.. { HAUTES-PYRÉNÉES, *ch.-l.* **Tarbes** ; *v. pr.* Lourdes. GERS, *ch.-l.* **Auch.**

LANGUEDOC : HAUTE-GARONNE *ch.-l.* **Toulouse.**

COMTÉ DE FOIX : ARIÈGE, *ch.-l.* **Foix.**

ROUSSILLON.... : PYRÉNÉES-ORIENTALES, *ch.-l.* **Perpignan;** *v. pr.* Port-Vendres.

2. Aspect, climat et productions. — La région pyrénéenne est essentiellement **montagneuse.**

Son **climat** varie avec l'altitude. Les hautes cimes sont neigeuses et incultes ; les pentes portent des ***forêts*** et des *pâturages ;* les vallées produisent des ***céréales.*** On extrait le *marbre* de ses carrières. Une des **grandes ressources** de la région vient de ses *eaux thermales,* **celles** de Cauterets, entre autres, et de ses ***beautés naturelles,*** comme le Cirque de Gavarnie, qui attirent une foule de malades et de touristes. (*Revoir 1re image, page 55.*)

3. Villes. — **Toulouse** (180.000 h.), sur la Garonne et sur le canal du Midi, doit son activité commerciale à sa situation au point de passage entre l'Atlantique et la Méditerranée. Ses industries agricoles : minoteries et fabriques de pâtés de foie gras, travaillent les produits des plaines fertiles qui l'entourent. (*Voir 1re image, p.* 64.)

Lourdes, sur le Gave de Pau, est célèbre par son sanctuaire de Notre-Dame qui attire tous les ans plus de 500.000 pèlerins venus de toutes les parties du monde. (*Voir 4e image, p.* 64.)

Bayonne, sur l'Atlantique, et **Port-Vendres**, sur la Méditerranée, sont des ports de commerce.

XI. RÉGION DE LA GARONNE

4. Provinces et Départements. — La région de la Garonne est formée d'une partie de la Guyenne et de la Gascogne ; elle comprend six départements :

GUYENNE	GIRONDE, *ch.-l.* **Bordeaux.** DORDOGNE, *ch.-l.* **Périgueux.** LOT, *ch.-l.* **Cahors.** TARN-ET-GARONNE, *ch.-l.* **Montauban.** LOT-ET-GARONNE, *ch.-l.* **Agen.**
GASCOGNE	: LANDES, *ch.-l.* **Mont-de-Marsan.**

5. Aspect, climat et productions. — La région de la Garonne s'étend sur une **grande plaine** bordée par les dernières terrasses du Massif Central et des Pyrénées. Ces terrasses sont découpées par de larges vallées où coulent la Garonne et ses affluents.

Le **climat** est océanique ; les étés sont chauds et les hivers tièdes et bien ensoleillés.

Cette région est surtout agricole : le *blé* et le *maïs* viennent partout. La vigne produit les célèbres *vins de Bordeaux*. Les Landes ont de grandes *forêts* de pins dont on exploite le bois et la résine.

6. Villes. — **Bordeaux** (270.000 h.), sur la Garonne, est le plus grand entrepôt du commerce des vins. Son port est en relation avec l'Amérique du Sud et l'Afrique occidentale. (*Revoir 3e image, p.* 41.)

Agen, sur la Garonne, au point où le canal latéral franchit le fleuve sur un pont aqueduc, est le centre d'un important commerce de *pruneaux*.

XII. RÉGION DE L'OUEST

7. Provinces et Départements. — La région de l'Ouest est formée du Poitou, de l'Aunis et Saintonge, et de l'Angoumois ; elle comprend cinq départements :

POITOU	VIENNE, *ch.-l.* **Poitiers** ; *v. pr.* Châtellerault. DEUX-SÈVRES, *ch.-l.* **Niort.** VENDÉE, *ch.-l.* **La Roche-sur-Yon.**
AUNIS ET SAINTONGE	: CHARENTE-INFÉRIEURE, *ch.-l.* **La Rochelle** ; *v. pr.* Rochefort.
ANGOUMOIS	: CHARENTE, *ch.-l.* **Angoulême** ; *v. pr.* Cognac.

8. Aspect, climat et productions. — La région de l'Ouest s'étend de la Loire à la Gironde sur des **plaines** qui descendent en pentes douces des Monts du Limousin et des Collines du Poitou. Inclinées vers l'Atlantique, ces plaines ont un **climat** doux et humide.

La région de l'Ouest est surtout agricole. Les vins des Charentes sont transformés en *cognacs* ou *eaux-de-vie*. Le Poitou élève des *ânes* et des *mulets*. On exploite les *marais salants* tout le long de la côte.

9. Villes. — **Poitiers** fait le commerce d'ânes et de mulets.

Angoulême a d'importantes papeteries.

La Rochelle est un port de commerce remplacé peu à peu par La Pallice ; **Rochefort**, un port militaire.

XIII. RÉGION DE LA LOIRE

10. Provinces et Départements. — La région des plaines de la Loire est formée de l'Orléanais, du Berry, de la Touraine, de l'Anjou et du Maine ; elle comprend neuf départements :

ORLÉANAIS	LOIRET, *ch.-l.* **Orléans.** LOIR-ET-CHER, *ch.-l.* **Blois.** EURE-ET-LOIR, *ch.-l.* **Chartres.**
BERRY.....	CHER, *ch.-l.* **Bourges.** INDRE, *ch.-l.* **Châteauroux.**
TOURAINE.	: INDRE-ET-LOIRE, *ch.-l.* **Tours.**
ANJOU	: MAINE-ET-LOIRE, *ch.-l.* **Angers.**
MAINE	SARTHE, *ch.-l.* **Le Mans.** MAYENNE, *ch.-l.* **Laval.**

11. Aspect, climat et productions. — La région de la Loire s'étend sur un pays de **plaines** à peine ondulées dans le Berry et le Maine. Le **climat est doux et humide.**

Les plaines de la Loire sont presque exclusivement agricoles : on y cultive les *céréales* principalement dans la Beauce qu'on appelle le *grenier de Paris*. Les *légumes* et les *fruits* sont cultivés dans le Val de Loire, mais surtout dans la Touraine. On élève des *moutons* sur les plateaux secs du Berry.

12. Villes. — **Orléans** s'élève au sommet de la grande courbe de la Loire. Son nom est inséparable de celui de Jeanne d'Arc, la *Pucelle d'Orléans*.

Angers a des carrières d'ardoise ; **Bourges**, des fonderies de canons ; **Chartres**, une des plus belles cathédrales de France.

XIV. RÉGION DE LA BRETAGNE

13. Province et Départements. — La région de la Bretagne est formée de l'ancienne province de même nom ; elle comprend cinq départements :

BRETAGNE	ILLE-ET-VILAINE, *ch.-l.* **Rennes** : *v. pr.* St-Malo. CÔTES-DU-NORD, *ch.-l.* **Saint-Brieuc.** FINISTÈRE, *ch.-l.* **Quimper** ; *v. pr.* Brest. MORBIHAN, *ch.-l.* **Vannes** ; *v. pr.* Lorient. LOIRE-INFÉRIEURE, *ch.-l.* **Nantes** ; *v. pr.* Saint-Nazaire.

14. Aspect, climat et productions. — Cette région s'étend sur une **presqu'île basse** accidentée par les Collines de Bretagne. Entourée de trois côtés par la mer, la Bretagne a un **climat** humide, doux et égal ; c'est le plus maritime de la France.

L'intérieur de la Bretagne est peu fertile ; il produit du *seigle*, du *sarrasin* et des *pommes de terre ;* ses pâturages nourrissent de bonnes *vaches laitières*. Le littoral, fertilisé par les alluvions marines, est bordé de jardins où l'on cultive des *légumes*. Les habitants de la côte se livrent à la *pêche*.

15. Villes. — **Nantes** (185.000 h.), sur la Basse-Loire, fait du commerce maritime. Elle fabrique des conserves de poissons et raffine le sucre. (*Voir 6e image, p.* 64.)

Brest, sur une magnifique rade, à l'extrémité de la Bretagne, et **Lorient**, sur l'Atlantique, sont des ports militaires.

Saint-Malo et **Saint-Brieuc**, sur la Manche ; **Quimper** et **Vannes**, sur l'Atlantique, sont des ports de pêche.

Questionnaire. — **1.** Nommez les provinces et les départements, avec leur chef-lieu et les principales villes, qui forment la région des Pyrénées. — **2.** Parlez de l'aspect, du climat et des productions de cette région. — **3.** Que savez-vous de Toulouse ? — ...de Lourdes ? — Nommez deux ports de commerce de cette région. — **4** à **15.** Même genre de questions pour les régions de la Garonne... — de l'Ouest... — de la Loire... — de la Bretagne.

Devoir écrit. — 1. *Exercice* 64 *du Cahier de Croquis.* — 2. *Nommez par région et dans l'ordre du texte, les départements étudiés dans cette leçon qui tirent leur nom : 1° des cours d'eau ; 2° des montagnes.*

CARTE MUETTE POUR LA REVISION DE LA FRANCE

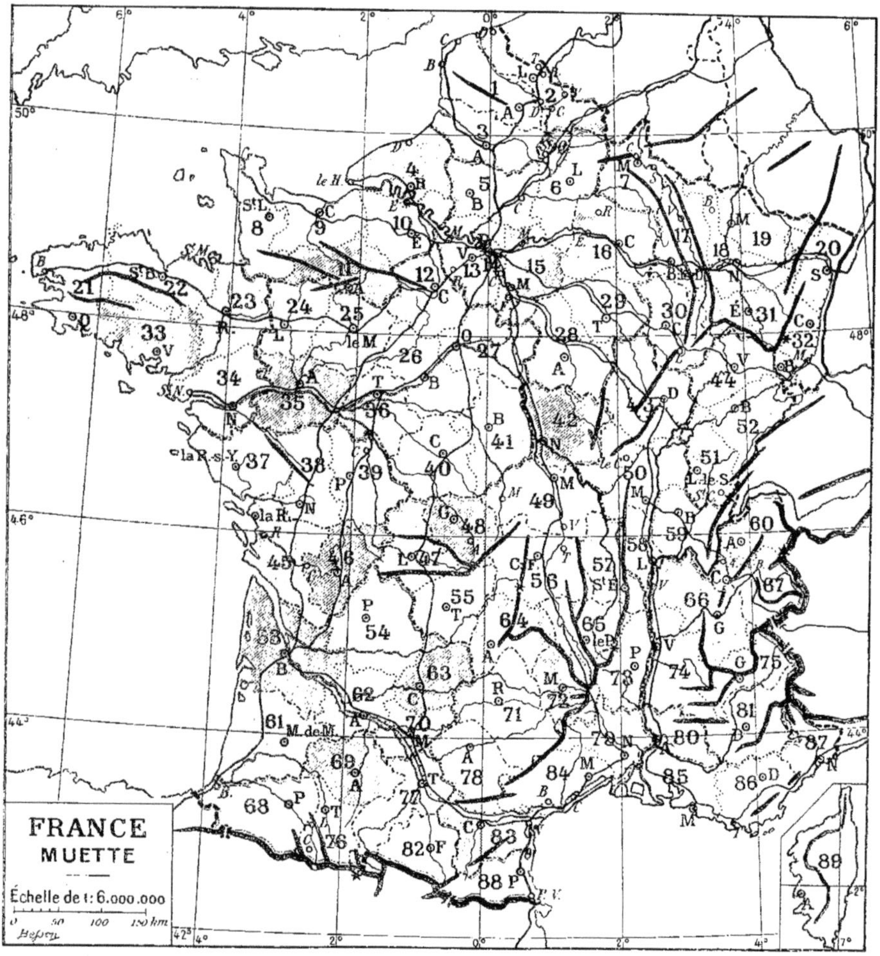

Remarque. — Dans cette carte récapitulative et muette de la France, les départements sont numérotés du Nord au Sud et de l'Ouest à l'Est.

Seules les villes sont indiquées par une initiale : les majuscules droites désignent les chefs-lieux des départements ; les majuscules penchées, les autres villes.

Les départements, les cours d'eau, les montagnes, les îles, les mers, les golfes et les caps doivent être reconnus à leur situation et à leur forme.

Exemples d'exercices sur la carte muette. —

1. *Indiquez le nom, le chef-lieu et les principales villes du département numéro 6. ... 32. ... 48. ... 56. ... 85. — ... etc.*

2. *Quel est le numéro et le nom des départements traversés ou limités par la Seine? — ...par la Loire ? — ...par le Rhône ? — ...par la Meuse ? — ...par le parallèle 44 ? — ...par le méridien 2e occidental ? — ...le méridien 4e oriental ? — ...etc.*

3. *Quels sont les départements qui touchent à la Manche ? — ...à la Méditerranée ? — ...à l'Italie ? — ...etc.*

4. *Quel est le cours d'eau qui traverse le département numéro 16 ? — ...68 ? — ...87 ? — ...etc ?*

5. *Quelle est la montagne qui traverse le département numéro 22 ? — ...12 ? — ...63 ? — ...etc.*

6. *Quelles sont les villes qui se trouvent sur la Seine ? — ...sur la Garonne ? — ...sur la Marne ? — ...sur le canal du Rhône au Rhin ? — ...sur la ligne de Paris à Brest ? — ...etc ?*

Ier SUPPLÉMENT D'ILLUSTRATION POUR LA FRANCE

1. — Le Cirque de Gavarnie. — Les cirques pyrénéens sont de petites plaines circulaires entourées de hautes montagnes en gradins. Le cirque de Gavarnie a 4.000 m. de tour ; le fond est à 1.200 m. d'altitude et les parois s'élèvent jusqu'à 2.000 m. au-dessus. Les neiges et les glaciers qui couvrent ses gradins donnent naissance à des gaves bondissant en cascades d'un palier à l'autre. Celui qu'on voit ici, est le Gave de Pau à sa naissance.

2. — Le Mont Blanc est un massif complètement isolé par une suite de cols et de vallées. Le point culminant a 4.810 m. ; il est accompagné de plusieurs autres cimes qui dépassent 4.000 m. Le Mont Blanc reçoit beaucoup de neige, aussi possède-t-il de grands glaciers ; celui de la Mer de Glace est le plus célèbre. Le pays étant très humide, les pentes inférieures ont d'excellents pâturages qui nourrissent de nombreux troupeaux.

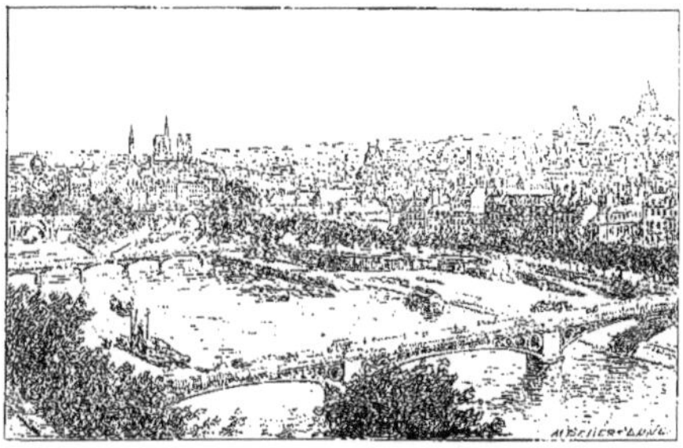

3. — Paris. — Cette vue représente le centre de Paris, une des parties les plus intéressantes de la capitale. Au premier plan, la Seine avec le Pont du Carrousel, le Pont des Arts et le Pont-Neuf qui s'appuie sur l'extrémité de l'Ile de la Cité où l'on distingue la flèche aiguë de la Sainte-Chapelle et les deux tours de la cathédrale. Au centre, les bâtiments et la coupole de l'Institut de France. Tout au fond, à droite, l'église Saint-Etienne du Mont et le dôme imposant du Panthéon.

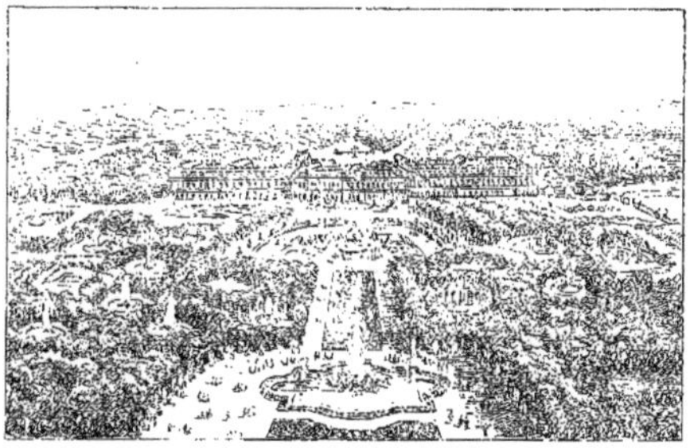

4. — Versailles. — Au delà du Parc, aux massifs ombreux et aux multiples bassins et jets d'eau, s'élève le vaste palais construit par Louis XIV, et transformé aujourd'hui en musée. Au premier étage du bâtiment central, dans la Galerie des Glaces, fut signé, en 1918, entre les Alliés et l'Allemagne, le Traité qui mit fin à la guerre mondiale. Au dernier plan, Versailles avec ses larges avenues qui convergent vers le château, dont la ville tire toute son importance.

5. — Marseille. — La ville débuta autour du golfe étroit et profond, qui forme son vieux port, et au pied de la colline de Notre-Dame de la Garde. Le sommet de cette colline de 153 mètres de haut porte une église dont le clocher, qui s'élève à 57 mètres, sert de piédestal à une statue de la très sainte Vierge de 10 m. de hauteur.

6. — Lyon. — Au-dessus de la colonnade du Palais de Justice et des tours de la cathédrale Saint-Jean qui bordent presque la Saône, s'élève la colline de Fourvières, couronnée par la célèbre basilique de Notre-Dame, dont les quatre tours d'angle ont 48 mètres de haut. A droite, une tour métallique de 85 mètres.

29e Leçon. — NOS COLONIES D'OCÉANIE, D'ASIE ET D'AMÉRIQUE

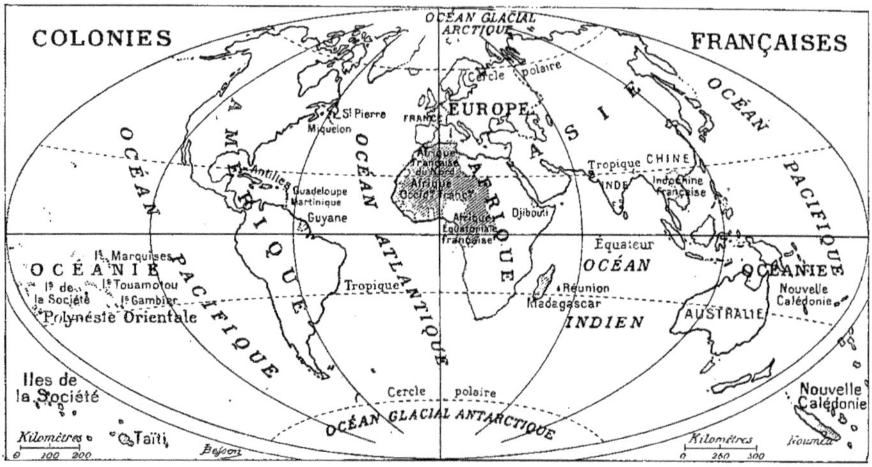

Exercice d'observation. — 1. *Lisez dans le planisphère, le nom de nos colonies d'Afrique ; — ...d'Asie ; — ...d'Océanie ; — ...d'Amérique.* — 2. *Nommez les colonies qui se trouvent, comme la France, dans la zone tempérée.* — 3. *Dans quelle zone se trouvent la plupart de nos colonies ?* — 4. *Regardez la carte de nos colonies d'Asie et nommez nos cinq petites possessions de l'Inde.* — 5. *Nommez nos colonies de l'Indo-Chine, avec leurs capitales.* — 6. *Quels sont les fleuves qui les traversent ?* — 7. *Regardez la carte des colonies d'Amérique, et dites près de quelle île se trouvent Saint-Pierre et Miquelon ?* — 8. *Quelle est la capitale de la Guyane française ? — Quels sont les pays voisins ?* — 9. *Nommez les deux grandes îles que nous possédons aux Antilles ?*

Texte. — **1. Différentes sortes de colonies.** — Les colonies sont les contrées que possède un État en dehors de son territoire.

Au point de vue administratif, on distingue les colonies proprement dites et les protectorats.

Les **colonies proprement dites** sont gouvernées et administrées directement par la Métropole.

Les **protectorats** sont gouvernés par des chefs indigènes sous la surveillance de la Métropole.

Au point de vue du mode de colonisation, on distingue les colonies de peuplement et les colonies d'exploitation.

Les **colonies de peuplement** sont celles dont le climat permet aux Européens de se fixer et de cultiver le sol.

Les **colonies d'exploitation** sont celles dont le climat, trop chaud ou trop malsain, ne permet aux Européens qu'une résidence temporaire. L'exploitation des richesses minérales ou végétales est faite par les indigènes, sous la direction des Européens.

2. Utilité des colonies. — Les colonies sont très utiles à un pays :

1° Elles favorisent son industrie en lui procurant des matières premières qu'il ne possède pas.

2° Elles développent son commerce en lui ouvrant des débouchés pour ses produits manufacturés.

3° Elles lui servent de points d'appui et de relâche pour sa marine.

4° Elles sont une extension de la patrie pour l'excédent de sa population.

5° Elles procurent de bonnes recrues à ses armées.

6° Elles augmentent son influence morale et politique.

3. Importance des colonies françaises. — Nos colonies ont 20 fois l'étendue de la France, et sont peuplées de 50 millions d'habitants. La France occupe le second rang comme puissance coloniale ; seules les colonies anglaises sont plus importantes.

4. Principales colonies françaises. — Nos colonies comprennent :

1° **En Océanie** : la Nouvelle-Calédonie et quelques archipels polynésiens.

2° **En Asie** : l'Indo-Chine française et les comptoirs de l'Inde.

3° **En Amérique** : la Guyane française, quelques îles des Antilles et les îlots de Saint-Pierre et Miquelon.

4° C'est en **Afrique** que se trouvent nos principales colonies : l'Afrique française du Nord, l'Afrique française occidentale et équatoriale, Madagascar, la Réunion et Djibouti.

5. Colonies d'Océanie. — Les possessions françaises en Océanie occupent une superficie égale à trois fois la Corse, et sont peuplées de 88.000 habitants.

La **Nouvelle-Calédonie** est surtout riche en *nickel* ; le chef-lieu est *Nouméa*.

La **Polynésie orientale** appartient presque en entier à la France qui y possède plusieurs archipels. Les principaux sont : les îles *Touamotou*, *Gambier* et *Marquises*, et surtout les îles de la *Société* avec *Taïti*, la plus importante. Leur principale production est la *noix de coco*.

6. Comptoirs de l'Inde. — De ses immenses possessions dans l'Inde, la France n'a conservé que cinq petits ports ou comptoirs avec leur territoire. Le principal est **Pondichéry** sur la côte orientale.

7. Indo-Chine française. — L'Indo-Chine française occupe toute la partie orientale de la presqu'île de même nom. Son étendue égale une fois et demie celle de la France et compte 17 millions d'habitants, la plupart

Colonies françaises d'Asie.

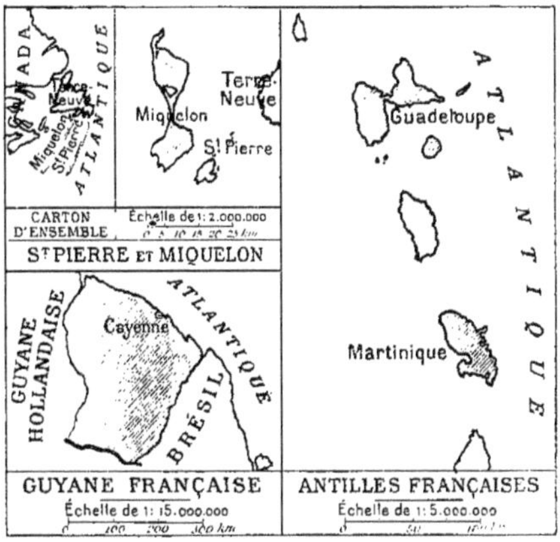

Colonies françaises d'Amérique.

de race jaune. Il y a peu de Français à cause du climat chaud et humide : c'est une colonie d'exploitation.

L'Indo-Chine française est administrée par un gouverneur général qui réside à Hanoï. Elle comprend une colonie : la **Cochinchine**, chef-lieu *Saïgon*, et quatre protectorats : le **Tonkin**, chef-lieu *Hanoï ;* l'**Annam**, capitale *Hué ;* le **Cambodge**, capitale *Pnom-Penh*, et le Laos, capitale *Louang-Prabang*.

L'Indo-Chine est drainée par deux grands fleuves : le *Fleuve Rouge* et le *Mékong*.

Dans les plaines très fertiles du littoral de l'Annam et des deltas du Fleuve Rouge et du Mékong, on cultive l'arbre à *caoutchouc*, le *poivrier*, et surtout le *riz*, dont se nourrissent les indigènes. La région montagneuse de l'intérieur a des plantations de *thé* et de *café ;* elle fournit aussi des *bois précieux*. Le Tonkin a des mines de houille.

8. Colonies d'Amérique. — De nos vastes colonies d'Amérique au XVIIe siècle, nous ne possédons plus que trois contrées : la Guyane française, quelques Antilles et les ilots de Saint-Pierre et Miquelon.

1. — Le **riz** est une céréale de 1 à 2 mètres de haut, que l'on cultive dans les terres inondées des pays chauds, appelées *rizières*. Ses grains forment la base de l'alimentation de la race jaune.

2. — **L'arbre à thé** est un arbrisseau de 4 à 5 mètres de haut ; ses feuilles séchées servent à préparer une infusion, le *thé*, qui est la boisson habituelle des peuples de race jaune.

3. — Le **caféier** est un arbrisseau de 4 à 5 mètres de haut, dont le fruit contient deux graines. Ces *grains de café* torréfiés et réduits en poudre servent à préparer une boisson chaude.

4. — La **canne à sucre** est une espèce de roseau de 3 à 4 mètres de haut, dont la tige renferme une abondante moelle sucrée. Les tiges broyées donnent un liquide dont on extrait le sucre et le rhum.

La **Guyane française** est située dans l'Amérique du Sud et près de l'Équateur. Son étendue égale le septième de celle de la France. Le pays est presque entièrement couvert d'une épaisse forêt, riche en *caoutchouc* et en *bois précieux*. Il y a des mines d'or dans les montagnes du Sud. La colonie est peu exploitée à cause de son climat chaud et humide, mais, surtout, par suite de sa qualité de colonie pénitentiaire ; elle compte 40.000 habitants. Son chef-lieu est *Cayenne*.

Les **Antilles françaises** comprennent deux colonies : la **Martinique** et la **Guadeloupe**. Elles ont un climat constamment chaud et humide, mais il est sain à cause de l'influence de la mer. On y cultive surtout la *canne à sucre*. Ces îles ont une superficie égale à la moitié d'un département français et sont peuplées de 400.000 habitants.

Les ilots de **Saint-Pierre** et **Miquelon**, près de l'île anglaise de Terre-Neuve, sont fréquentés par nos pêcheurs de *morue*.

Questionnaire. — **1.** Qu'est-ce que les colonies ? — Combien distingue-t-on de sortes de colonies au point de vue administratif ? — Comment sont gouvernées les colonies proprement dites ? — ...les protectorats ? — Comment divise-t-on les colonies au point de vue du mode de colonisation ? — Qu'est-ce que les colonies de peuplement ? — ...d'exploitation ? — **2.** Quelle est l'utilité des colonies ? — **3.** Quelle est l'étendue de nos colonies ? — ...leur population ? — Quelle place occupe la France au point de vue colonial ? — **4.** Nommez nos colonies d'Océanie ; — ...d'Asie ; — ...d'Amérique ; — ...d'Afrique. — **5.** Indiquez l'étendue et la population de nos colonies d'Océanie ? — Que produit la Nouvelle-Calédonie ? — Quel est son chef-lieu ? — Quelles sont les possessions de la France en Polynésie orientale ? — Quelle est leur principale production ? — **6.** Quelles sont nos possessions de l'Inde ? — **7.** Qu'occupe l'Indo-Chine française ? — Quelle est son étendue ? — ...sa population ? — Y a-t-il beaucoup de Français dans cette colonie ? — Combien y a-t-il de colonies et de protectorats dans l'Indo-Chine française ? — Nommez-les, avec leur capitale. — Y a-t-il des fleuves ? — Quelles sont les productions des plaines ? — ...de la région montagneuse ? — Y a-t-il des mines ? — **8.** Avons-nous de grandes possessions en Amérique ? — Où est située la Guyane française ? — Quelle est son étendue ? — Quelles sont ses productions ? — La colonie est-elle bien exploitée ? — Quelle est sa population ? — Nommez son chef-lieu. — Que comprennent les Antilles françaises ? — Quel est leur climat ? — Qu'est-ce qu'on y cultive ? — Quelle est leur population ? — ...leur étendue ? — Où se trouvent les ilots de Saint-Pierre et Miquelon ? — Par qui sont-ils fréquentés ?

Devoir écrit. — 1. *Exercices 65 à 72 du Cahier de Croquis.* — 2. *Quels produits agricoles ou miniers pourrait rapporter un navire qui ferait escale : 1° en Indo-Chine française ? — 2° à la Nouvelle-Calédonie ? — 3° dans la Polynésie orientale ? — 4° à la Guyane ? — 5° aux Antilles françaises ? — 6° à Saint-Pierre et à Miquelon ?*

30e Leçon. — L'AFRIQUE FRANÇAISE DU NORD

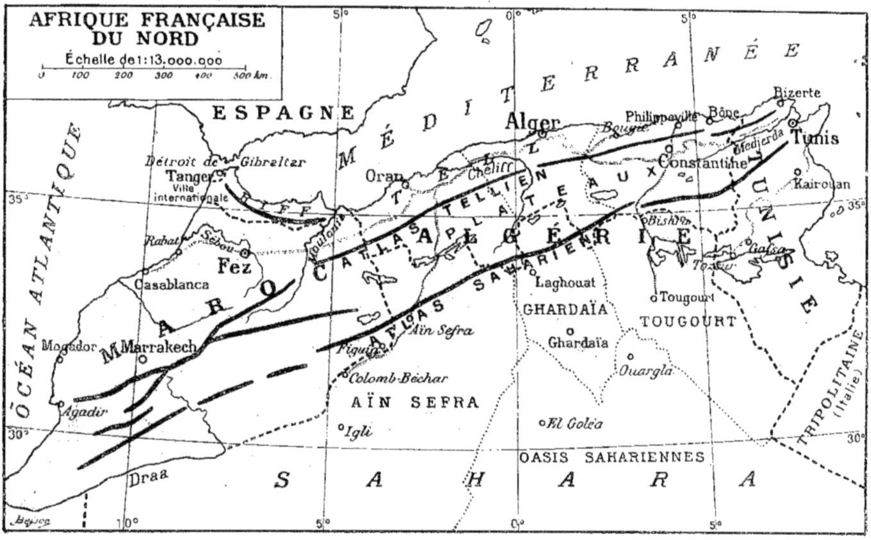

Exercice d'observation. — *1. Nommez nos trois possessions de l'Afrique du Nord. — 2. Quelles sont les mers qui les baignent ? — 3. Comment appelle-t-on le pays situé au Sud ? — 4. Quelles sont les montagnes qui les traversent ? — 5. Nommez les villes de la côte du Maroc ? — ...de l'Algérie ? — ...de la Tunisie ? — 6. Nommez les villes de l'intérieur du Maroc ? — ...de l'Algérie ? — ...de la Tunisie ?*

Texte. — **1. Situation et étendue.** — L'Afrique du Nord, appelée aussi **Atlantide** et **Région de l'Atlas**, est la principale de nos colonies. *Elle est limitée* par la Méditerranée à l'Est et au Nord, par l'Atlantique à l'Ouest, et par le Sahara au Sud. *Sa superficie*, le Sahara non compris, égale une fois et demie celle de la France.

2. Relief et divisions naturelles. — L'Afrique du Nord est traversée, de l'Ouest à l'Est, par une double chaîne de montagnes : l'**Atlas tellien** au Nord et l'**Atlas saharien** au Sud. Ces deux chaînes, surtout en Algérie, divisent le pays en trois régions naturelles : le **Tell**, la partie la plus fertile et la plus peuplée, entre l'Atlas tellien et la mer ; les **Plateaux**, région de pâturages, entre les deux chaînes ; le **Sahara**, vaste désert parsemé d'oasis, au Sud de l'Atlas saharien.

3. Climat. — *Le climat* varie avec les régions, mais il est sain ; l'Afrique du Nord est donc une colonie de peuplement. Le *Tell*, soumis à l'influence méditerranéenne, est sec et chaud en été, pluvieux et doux en hiver. Les *Plateaux* ont un climat continental : des hivers glacés, des étés torrides et peu de pluies. Le *Sahara* est très sec : sa température présente de grands écarts.

L'Afrique du Nord n'a guère que des torrents : ils servent à l'irrigation : la plupart sont à sec en été.

4. Productions. — Comme le climat, les produits varient avec les régions. Dans le **Tell**, on cultive le *blé*, la *vigne* et les *arbres fruitiers*, spécialement *l'olivier*. Les **Plateaux** nourrissent des *chevaux*, des *bœufs* et des *moutons* ; ils produisent une espèce de jonc, l'*alfa*, dont on fait des nattes ou qu'on exporte en Europe pour fabriquer du papier. Les **Oasis sahariennes** produisent surtout des *dattes* qui constituent la principale nourriture des habitants.

La houille fait défaut dans les pays de l'Atlas, mais on y trouve du *fer* et surtout des *phosphates*, qui sont exportés en Europe comme engrais, pour les cultures.

5. Population. — L'Afrique française du Nord est peuplée de 11 millions d'habitants, comprenant surtout des Berbères agriculteurs et des Arabes pasteurs. La plupart sont musulmans. Il y a près d'un million d'Européens, surtout des Français.

6. Divisions politiques. — L'Afrique française du Nord comprend une colonie : l'*Algérie*, et deux protectorats : la *Tunisie* et le *Maroc*. Les territoires militaires du Sahara relèvent du gouverneur général de l'Algérie.

7. Algérie. — L'Algérie occupe la partie centrale de nos possessions de l'Afrique du Nord. Sa superficie est la moitié de celle de la France. *Elle est peuplée* de 5 millions d'habitants. C'est une colonie dont l'occupation a commencé en 1830.

Elle est divisée en trois départements portant le nom de leur chef-lieu : *Alger*, au Centre ; *Oran*, à l'Ouest ; *Constantine*, à l'Est.

Alger (175.000 h.), est le chef-lieu de la colonie et le quatrième port français.

Les autres ports de l'Algérie : **Oran**, **Bougie**, **Philippeville** et **Bône**, occupent, comme Alger, la rive occidentale d'une baie demi-circulaire.

Constantine est bâtie à l'intérieur, sur une roche escarpée qu'entourent des gorges profondes.

Toutes ces villes sont unies entre elles par des voies ferrées qui se soudent aux chemins de fer tunisiens et marocains et atteignent quelques oasis sahariennes.

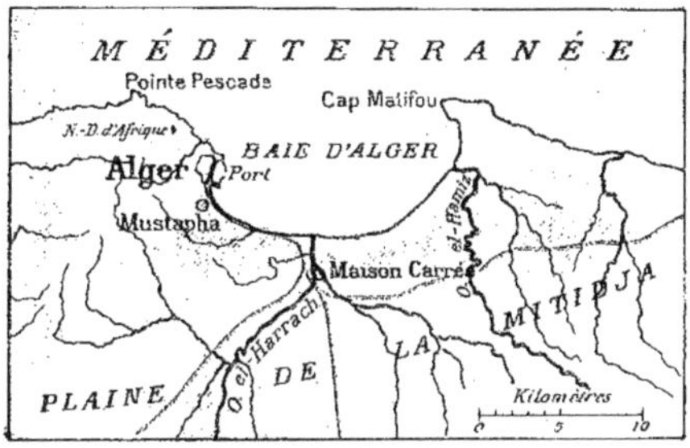

Environs d'Alger.

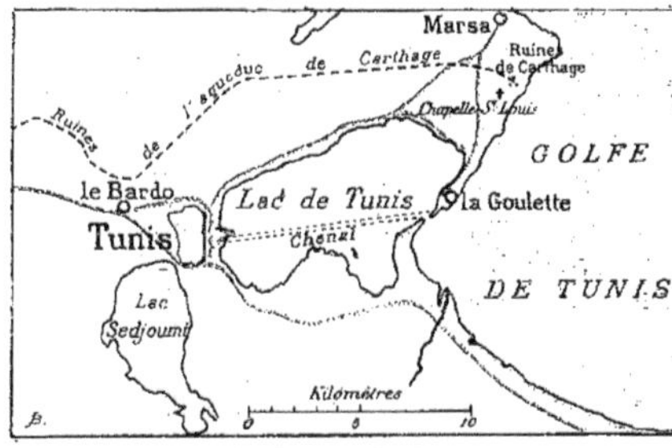

Environs de Tunis.

1. — Alger est bâtie sur la côte occidentale d'une petite baie largement ouverte au Nord. Cependant elle est abritée des vents dominants du Nord-Ouest par la colline où elle s'élève, et son port est protégé, au Nord, par une digue puissante que nous montre l'image, au premier plan.

Un grand boulevard, supporté par des arcades de 20 mètres de haut, domine le port ; il est bordé par d'élégants édifices de 5 ou 6 étages séparés par de larges rues : c'est la ville européenne. Au-dessus, escaladant les pentes, s'élève la ville arabe avec ses maisons à terrasses, blanchies à la chaux, et ses ruelles étroites et sombres.

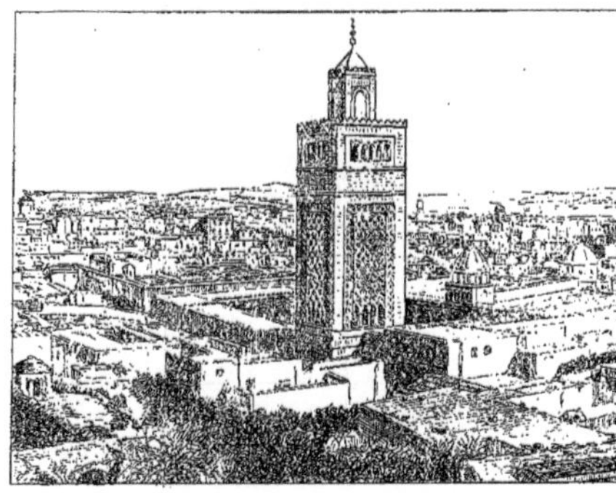

2. — Tunis est construite entre deux lacs ; celui de l'Est la fait communiquer avec la Méditerranée par la passe étroite de la Goulette où s'arrêtaient autrefois les gros navires. Ils peuvent aujourd'hui arriver au port de Tunis, grâce à un chenal creusé depuis l'occupation française.

La ville européenne s'étend le long du port, tandis que la ville indigène gagne vers l'Ouest jusqu'au lac Sedjoumi. Cette dernière est un amas de maisons cubiques blanchies à la chaux, au milieu desquelles s'élèvent d'élégants minarets comme celui que représente l'image.

8. Tunisie. — La Tunisie prolonge l'Algérie à l'Est. Sa *superficie* égale le cinquième de la France. Sa *population* est de deux millions d'habitants.

C'est un protectorat français depuis 1881. Le bey de Tunis gouverne le pays sous le contrôle de la France.

Tunis (230.000 h.) est la capitale ; **Bizerte**, un port de guerre et de commerce ; **Kairouan**, la ville sainte des musulmans.

9. Maroc. — Le **Maroc** prolonge l'Algérie à l'Ouest. Sa *superficie* égale les quatre cinquièmes de la France. Sa *population* est de 7 à 8 millions d'habitants.

Le Maroc est une sultanie protégée par la France depuis 1912.

Fez, la capitale, est à l'intérieur, ainsi que **Marrakech**. **Rabat**, **Casablanca**, **Mogador** et **Agadir** sont des ports sur l'Atlantique.

10. Le Sahara. — Le Sahara central et occidental est placé sous l'influence française, depuis 1890 ; son étendue égale cinq fois celle de la France, mais il n'est peuplé que d'un demi-million d'habitants. Il se divise en quatre territoires militaires : *Aïn Sefra*, *Ghardaïa*, *Tougourt* et le *Territoire des Oasis*.

Questionnaire. — **1.** Quelle est l'importance coloniale de l'Afrique française du Nord ? — Quelles sont ses limites ? — Quelle est sa superficie ? — **2.** Par quelles montagnes est-elle traversée ? — Comment ces deux chaînes divisent-elles le pays ? — **3.** Quel est le climat de l'Afrique du Nord ? — ...du Tell ? — ...des Plateaux ? — ...du Sahara ? — Y a-t-il des cours d'eau dans l'Afrique du Nord ? — A quoi servent-ils ? — **4.** Quelles sont les productions agricoles du Tell ? — ...des Plateaux ? — ...du Sahara ? — Quels sont les produits minéraux ? — **5.** Quelle est la population de l'Afrique du Nord ? — Quels peuples comprend-elle ? — Y a-t-il beaucoup d'Européens ? — **6.** Quelles sont les divisions de l'Afrique du Nord ? — **7.** Où est située l'Algérie ? — Quelle est sa superficie ? — ...sa population ? — Quelle sorte de possession forme-t-elle ? — A quelle époque son occupation a-t-elle commencé ? — Comment se divise-t-elle ? — Que savez-vous d'Alger ? — Quels sont les autres ports de l'Algérie ? — Que savez-vous de Constantine ? — Y a-t-il des chemins de fer en Algérie ? — **8.** Où est située la Tunisie ? — Quelle est sa superficie ? — ...sa population ? — Depuis quand l'occupons-nous ? — Qui est-ce qui gouverne le pays ? — Que savez-vous de Tunis ? — ...de Bizerte ? — ...de Kairouan ? — ...**9.** Où est situé le Maroc ? — Quelle est sa superficie ? — ...sa population ? — Quelle sorte de possession forme-t-il ? — Depuis quand l'occupons-nous ? — Indiquez la capitale et une autre ville de l'intérieur ? — Nommez quatre ports du Maroc. — **10.** A qui appartient le Sahara ? — Quelle est son étendue ? — ...sa population ? — Comment est divisé le Sahara français ?

Devoir écrit. — 1. *Exercice 73 du Cahier de Croquis.* — 2. *Nommez, de l'Ouest à l'Est, les ports du Maroc, de l'Algérie et de la Tunisie ?* — 3. *Parlez du climat et des productions végétales et animales des diverses régions traversées en allant du Nord au Sud de l'Algérie ?*

31e Leçon. — L'AFRIQUE FRANÇAISE OCCIDENTALE, ÉQUATORIALE ET ORIENTALE

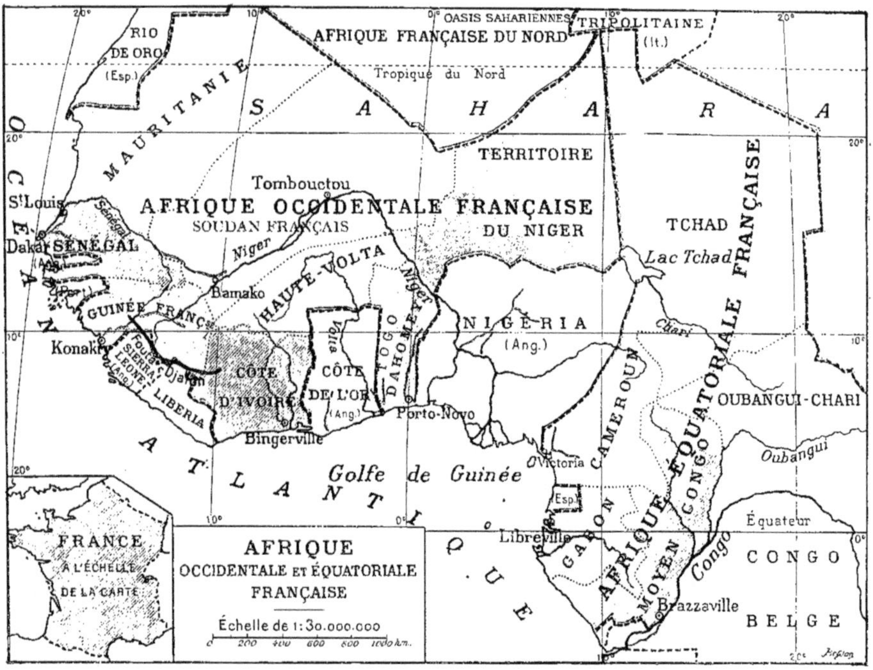

Exercice d'observation. — 1. *Regardez la petite carte des colonies françaises d'Afrique, page 61, et nommez nos possessions de cette partie du monde.* — 2. *Nommez celles de l'Afrique occidentale française ? — ...de l'Afrique équatoriale ?* — 3. *Lisez le nom des villes de la côte... celles de l'intérieur, sur le Niger... sur le Congo.* — 4. *Quelles sont les régions traversées ou limitées par le Sénégal ? — ...par le Niger ? — ...le Chari ? — ...l'Oubanghi ? — ...le Congo ?* — 5. *Comparez chacune de nos possessions de l'Afrique occidentale et équatoriale avec la carte de France à la même échelle, et nommez celles qui sont plus petites ? — ...plus grandes ?* — 6. *Nommez trois villes de Madagascar. — ...une de la Réunion... — deux de la Côte française des Somalis.* — 7. *Quels sont les produits tropicaux qui figurent sur la 1re image ?*

Texte. — **1. Afrique occidentale française.** — Cette vaste contrée est située entre le Sahara et l'Atlantique. Elle forme un plateau qui se relève dans le *Fouta-Djalon*, d'où descendent deux grands fleuves : le *Sénégal* et le *Niger*. Elle se termine par une côte basse, souvent marécageuse.

Le *climat* est partout très chaud. Au Sud, il est très humide, mais les pluies diminuent à mesure qu'on s'éloigne du Golfe de Guinée et qu'on approche du Sahara où elles deviennent presque nulles.

Les principaux **produits** de l'Afrique occidentale française sont : les *graines oléagineuses* (*palmier à huile* et *arachide*), le *coton* et les *bois précieux*.

L'Afrique occidentale française est sept fois plus grande que la France et compte 10 millions d'habitants, des nègres pour la plupart. Il y a peu de Français à cause du climat. C'est une colonie d'exploitation.

Elle comprend sept colonies et un territoire civil : Le **Sénégal**, chef-lieu *Saint-Louis*, avec l'excellent port de *Dakar*, capitale de toutes nos possessions de l'Afrique occidentale ; la **Guinée française**, chef-lieu *Konakry* ; la **Côte de l'Ivoire**, chef-lieu *Bingerville* ; le **Dahomey**, agrandi d'une partie de l'ancien Togo allemand, chef-lieu *Porto-Novo* ; le **Soudan français**, chef-lieu *Bamako*, ville principale *Tombouctou* ; la **Mauritanie** ; la **Haute-Volta** ; le **Territoire civil du Niger.**

2. Afrique équatoriale française. — Cette région s'étend du Congo et de l'Oubanghi jusqu'au Sahara.

Le *climat* divise le pays en deux grandes zones végétales : au Sud, la zone équatoriale, toujours chaude et humide, couverte de grandes forêts vierges ; au Nord, dans les bassins du Chari et du Tchad, la zone tropicale, humide en été et sèche en hiver, couverte de savanes qu'on pourrait transformer en champs de céréales.

Les forêts produisent du *caoutchouc*, des *palmiers à huile* et des *bois précieux*. Dans la plaine littorale, on commence à cultiver du *café*, du *cacao* et de la *vanille*. La chasse à l'éléphant fournit de l'*ivoire*.

L'Afrique équatoriale française est cinq fois plus grande que la France et compte 8 millions de nègres. C'est une colonie d'exploitation.

Elle comprend quatre colonies et le commissariat du Cameroun : **Le Gabon**, chef-lieu *Libreville* ; le **Moyen-Congo**, dont le chef-lieu, *Brazzaville*, est la capitale de

COLONIES FRANÇAISES D'AFRIQUE

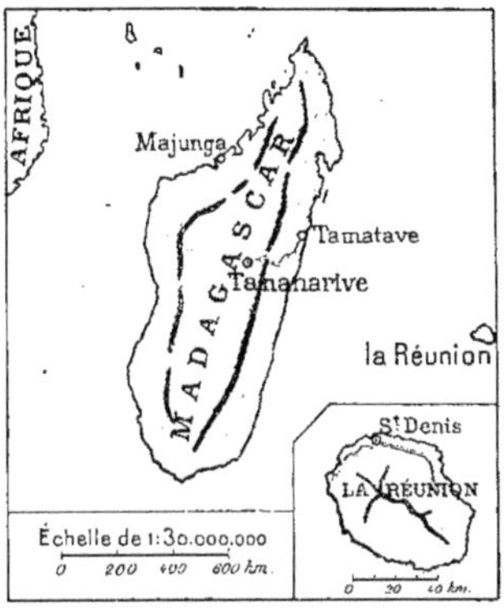

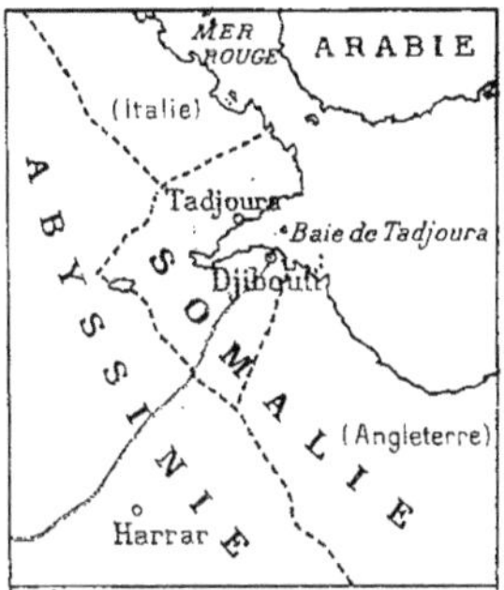

CÔTE FRANÇAISE DES SOMALIS
Échelle de 1:7.500.000
0 50 100 150 200 km

toutes nos possessions de l'Afrique équatoriale ; l'**Oubangui-Chari** ; le **Tchad** ; le **Commissariat du Cameroun**, ancienne colonie allemande.

3. Madagascar. — La **Grande Ile africaine** est plus étendue d'un quart que la France. Elle est formée de vastes plateaux à l'intérieur et de plaines littorales.

Les **plateaux** ont un climat tempéré et sain qui convient aux Européens. Ils produisent du *riz* et nourrissent des *bestiaux* ; on y exploite quelques *mines d'or*.

Les **plaines littorales** sont généralement chaudes, humides et malsaines. Elles ont d'épaisses forêts où l'on exploite le *caoutchouc* et quelques *bois précieux*. Les cultures de *canne à sucre* et de *vanille* s'y développent.

La **population** est de 3 millions d'habitants. Elle comprend des *nègres* ; des *bruns*, les Hovas, et des *blancs*, surtout des Français.

Tananarive est la capitale (*Voir 2e image*) ; **Tamatave** et **Majunga** sont des ports.

4. La Réunion. — Cette île presque circulaire, grande comme la moitié d'un département français, est volcanique et montagneuse. Elle est bordée d'une **plaine littorale** très fertile, où l'on cultive la *canne à sucre* et la *vanille*. Le chef-lieu est **Saint-Denis**.

5. Côte française des Somalis. — Sur la *Côte des Somalis*, la France possède le territoire de la *Baie de Tadjoura*. **Djibouti**, le chef-lieu, sert d'escale à nos vaisseaux et de débouché au commerce maritime de l'Abyssinie, grâce à une voie ferrée qui l'unit à ce pays.

Questionnaire. — 1. Où est située l'Afrique occidentale française ? — Quel est son relief ? — Parlez de son climat. — ...de ses produits. — ...de son étendue. — ...de sa population ? — Nommez, avec leur chef-lieu, les colonies et les territoires que comprend cette possession. — 2. Où est située l'Afrique équatoriale française ? — Comment est-elle divisée par le climat ? — Indiquez ses produits. — ...son étendue. — ...sa population. — ...son administration. — ...ses diverses colonies avec leurs villes. — 3. Quelle est l'étendue de Madagascar ? — Quel est son relief ? — Parlez du climat et des produits des plateaux intérieurs. — ...des plaines littorales. — Quelle est la population de Madagascar ? — Quelles races comprend-elle ? — Nommez une ville de l'intérieur. — ...celles de la côte. — 4. Que savez-vous de l'étendue de l'île de la Réunion ? — ...de son relief ? — ...de ses productions ? — ...de son chef-lieu ? — 5. Que possède la France sur la côte des Somalis ? — Quel en est le chef-lieu ?

Devoir écrit. — *Exercices 74 à 77 du Cahier de Croquis. — 2. Quels produits pourrait rapporter un navire, de l'Afrique occidentale française ? — ...de l'Afrique équatoriale française ? — ...de Madagascar ? — ...de la Réunion ? — 3. Indiquez, dans l'ordre des trois dernières leçons, les colonies françaises qui produisent du riz ; — ...des graines ou des fruits oléagineux ; — ...du caoutchouc ; — ...de la vanille ; — ...du café ; — ...du sucre de canne. — 4. Nommez, avec les lieux d'origine, quatre produits minéraux de nos colonies.*

1. — Quatre produits tropicaux. — 1. Fleurs du cotonnier. — 2. Arbre à caoutchouc. — 3. Fruits du cacaoyer. — 4. Fleurs et gousses du vanillier.

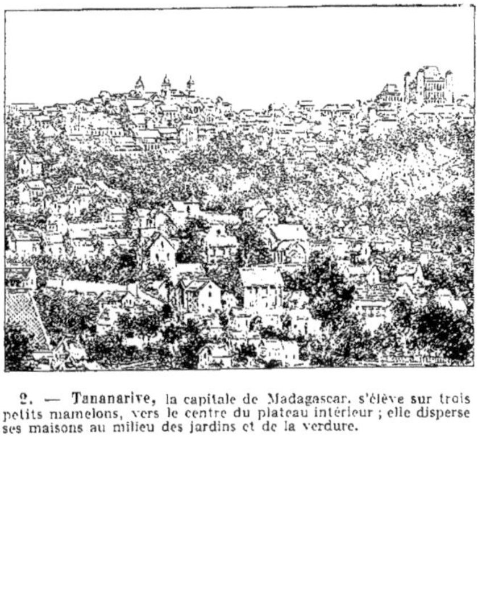

2. — Tananarive, la capitale de Madagascar, s'élève sur trois petits mamelons, vers le centre du plateau intérieur ; elle disperse ses maisons au milieu des jardins et de la verdure.

Leçon supplémentaire. — LA PALESTINE

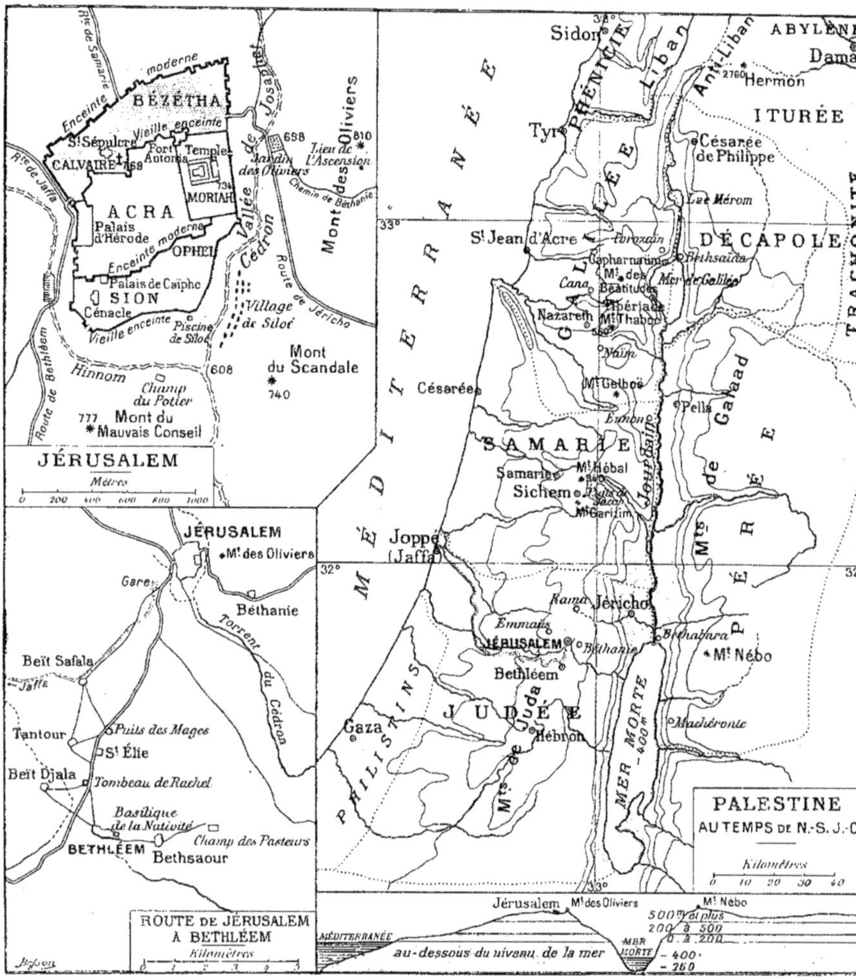

Exercice d'observation. — *1. Quelle mer limite la Palestine à l'Ouest ? — 2. Quel fleuve la traverse du Nord au Sud ? 3. Quels lacs ou petites mers fermées forme-t-il ? 4. Regardez la légende du relief de la Terre Sainte et dites ce qui arriverait si un canal faisait communiquer la Méditerranée avec la Mer Morte ?*

5. Où le Jourdain prend-il sa source ? 6. Nommez d'autres montagnes à l'Est du Jourdain ? 7. Indiquez, en allant du Nord au Sud, les montagnes de l'Ouest ? 8. Quelles sont les divisions de la Terre Sainte indiquées en lettres capitales : à l'Ouest? ...à l'Est? 9. Nommez les villes de la Galilée ; ...de la Samarie ; ...de la Judée ; de la Pérée ; ...celles qui sont hors de la Palestine? 10. Dans le plan de Jérusalem, lisez le nom du cours d'eau qui passe à l'Est de la ville. 11. Quel mont s'élève à l'Est du Cédron? 12. Lisez les autres noms indiqués à l'Est de ce torrent ? 13. Quels sont les noms écrits en lettres capitales à l'intérieur de la ville ? (Ils en indiquent les différents quartiers.)

Texte. **1. Situation.** — La Palestine ou Terre Sainte est située dans l'Asie occidentale, sur les bords de la Méditerranée. C'est là que se sont passés les grands faits de l'Histoire du Peuple de Dieu et de la vie de Notre-Seigneur Jésus-Christ ; aussi, la connaissance de cette contrée intéresse-t-elle tous les chrétiens.

2. Étendue. — La Palestine a 200 km. du Nord au Sud et 100 km., de l'Est à l'Ouest. Son étendue égale à peine celle de trois départements français.

3. Relief. — La Terre-Sainte est montagneuse, excepté le long de la Méditerranée. Ses montagnes forment deux

1. — Jérusalem vue du Mont des Oliviers. — Cette vue est prise de l'Est, à mi-côte du *Mont des Oliviers*. Elle est encadrée par deux beaux spécimens d'antiques oliviers. Au second plan on voit le *Jardin de Gethsémani* marqué par cinq cyprès ; il est longé par le torrent du *Cédron* qui recueille les rares eaux de la *Vallée de Josaphat*. Plus loin, le long mur qui supporte l'*esplanade du Temple* occupée aujourd'hui par la *Mosquée d'Omar* que couronne une grande coupole. Enfin, la ville avec clochers et minarets, et dans le lointain, à gauche, les *monts de Juda*.

2. — Jérusalem et le Mont des Oliviers. — La vue est prise de l'Ouest. Au premier plan et à gauche, le *dôme de la Basilique du Saint-Sépulcre* qui recouvre la colline du *Calvaire*. Au centre, le clocher d'une église moderne, un minaret, et enfin, le dôme de la *Mosquée d'Omar*. A l'horizon, le sommet du *Mont des Oliviers* qui porte une mosquée (ancienne église chrétienne) élevée sur le lieu même de l'*Ascension*. A gauche, un haut clocher *(la tour des Russes)*, et à droite, le *Couvent du Pater* construit sur le lieu où Notre-Seigneur aurait enseigné à ses Apôtres cette sublime prière.

chaînes, séparées par la profonde vallée du Jourdain et rattachées, au Nord, aux *Monts du Liban*. Dans le **chaîne orientale** se trouvent les *Monts de Galaad* et le *Mont Nébo* où mourut Moïse. Dans la **chaîne occidentale**, on remarque le *Mont des Béatitudes*, le *Mont Thabor*, témoin de la transfiguration de Notre-Seigneur, le *Mont Carmel*, et tout au Sud, les *Monts de Juda*.

4. Cours d'eau et lacs. — Le **Jourdain**, le seul fleuve important de la Palestine, coule dans la profonde dépression centrale où il forme la *Mer de Galilée* et la *Mer Morte* dans laquelle il se termine. Ce fleuve est célèbre par le passage miraculeux des Israélites et le baptême de Notre-Seigneur.

La **Mer de Galilée** s'appelle aussi Lac de Génésareth ou de Tibériade. Ce fut parmi les pêcheurs de cette mer que N.-S. choisit ses premiers Apôtres ; elle rappelle aussi les deux pêches miraculeuses et la tempête apaisée.

La **Mer Morte** n'a pas d'écoulement vers l'Océan. Ses eaux se perdent par évaporation et son niveau se maintient à 400 mètres au-dessous de celui de la Méditerranée.

5. Sol et climat. — Le sol de la Palestine est fertile lorsqu'il est irrigué. Le climat est salubre. Cette contrée nourrissait autrefois plusieurs millions d'habitants ; aujourd'hui, elle est dépeuplée et inculte. Ses collines sont nues et déboisées ; ses campagnes arides et pierreuses ; elle présente de nombreuses ruines.

6. Population. — La Terre-Sainte compte 500.000 habitants, surtout des *Arabes* et des *Turcs ;* il y a peu de Juifs et de chrétiens.

7. Divisions. — Au temps de N.-S. on divisait la Palestine en cinq provinces : la *Judée*, dont le nom désigne aussi toute la Terre-Sainte, la *Samarie* et la *Galilée*, à l'Ouest du Jourdain : la *Pérée* et la *Décapole* à l'Est.

8. Villes. — **Jérusalem**, l'ancienne capitale des Juifs et la cité sainte du christianisme, renferme quelques monticules célèbres : le *Mont Moria*, où s'élevait le temple de Salomon, remplacé par la Mosquée d'Omar ; le *Mont Sion*, avec le Cénacle où Notre-Seigneur institua la Sainte Eucharistie ; le *Calvaire*, recouvert par l'Église du Saint-Sépulcre, qui renferme les lieux témoins de la mort et de la résurrection de Notre-Seigneur. A l'Est de Jérusalem, au delà de la vallée du Cédron, le *Mont des Oliviers* qui vit l'agonie et l'ascension du Sauveur : sur ses pentes orientales est *Béthanie* où Notre-Seigneur ressuscita Lazare.

Bethléem, est à jamais célèbre par la naissance de Notre-Seigneur Jésus-Christ.

Hébron conserve le tombeau d'Abraham.

Jéricho fut la première ville prise par les Hébreux, à leur entrée dans la Terre-Promise. Notre-Seigneur y guérit un aveugle.

Emmaüs rappelle l'apparition de N.-S. à deux disciples, le soir de la Résurrection.

Sichem, entre l'Ébal et le Garizim, est voisine du puits de Jacob où N.-S. convertit la Samaritaine.

Nazareth fut le séjour de la Sainte Famille.

Naïm vit N.-S. ressusciter le fils unique d'une veuve.

Cana rappelle le premier miracle de N.-S., où il changea l'eau en vin.

Capharnaüm fut souvent le séjour de N.-S. durant sa vie publique ; il y fit de nombreux miracles, entre autres, la résurrection de la fille de Jaïre.

Questionnaire. — 1. Qu'est-ce que la Palestine ? — Où est-elle située ? — Par quoi est-elle célèbre ? — **2.** Quelle est sa longueur du Nord au Sud ? ...de l'Est à l'Ouest ? — Quelle est son étendue ? — **3.** La Palestine est-elle montagneuse ? — Quelles chaînes forment ses montagnes ? — Que comprend la chaîne orientale ? — Quels sont les sommets remarquables de la chaîne occidentale ? — **4.** Quel est le principal fleuve de la Palestine ? — Où prend-il sa source ? — Où coule-t-il ? — Quels lacs forme-t-il ? — Par quoi est-il célèbre ? — Quels noms donne-t-on encore à la mer de Galilée ? — Que rappelle-t-elle ? — Que deviennent les eaux de la mer Morte ? — Quel est leur niveau ? — **5.** Quel est le sol de la Palestine ? — ...son climat ? — La Palestine était-elle riche et peuplée autrefois ? — ...et maintenant ? — **6.** Quelle est sa population actuelle ? — **7.** Comment se divisait la Palestine au temps de N.-S. — **8.** Que rappellent Jérusalem ? — ...Béthanie ? — ...Bethléem ? — ...Hébron ? — ...Jéricho ? — ...Emmaüs ? — ...Sichem ? — ...Nazareth ? — ...Naïm ? — ...Cana ? — ...Capharnaüm ?

Devoir écrit. — *Exercice 78 du Cahier de Croquis.* — *2. Où Notre-Seigneur est-il né ? — ...où a-t-il passé la plus grande partie de sa vie ? — ...où fut-il baptisé ? — ...où fit-il son premier miracle ? — ...où ressuscita-t-il la fille de Jaïre ? — ...le fils unique d'une veuve ? — ...Lazare ? — Où se firent les deux pêches miraculeuses ? — Où N.-S. convertit-il la Samaritaine ? — ...où se transfigura-t-il ? — ...où a-t-il institué la Sainte Eucharistie ? — ...où est-il mort ? — ...où fut-il enseveli et d'où ressuscita-t-il le troisième jour après sa mort ? — ...d'où est-il monté au ciel ?*

2e SUPPLÉMENT D'ILLUSTRATION POUR LA FRANCE

1\. — **Toulouse.** — De la rive droite de la Garonne, en face du pont suspendu, laville apparaît s'étalant au milieu de la verdure dans une plaine d,où émergent les clochers de ses églises. A gauche, Saint-Pierre ; au centre, la superbe basilique romane Saint-Sernin ; à droite, l'église des Jacobins, dont la masse sombre se détache sur les hauteurs qui dominent la ville à l'Est.

2\. — **Grenoble.** — La ville est bâtie sur la rive gauche de l'Isère, au point de convergence des routes qui descendent des Alpes vers Lyon : aussi est-elle une importante place forte. Des quais de l'Isère, on voit le clocher de sa cathédrale se profiler sur les coteaux voisins. Au loin la chaîne de Belledonne ferme l'horizon avec sa crête neigeuse.

3\. — **Strasbourg.** — La vieille ville, à pignons dentelés et à grands toits chargés de lucarnes, est bâtie dans une île formée par l'Ill que l'on voit, ici, au premier plan et à droite. La magnifique cathédrale en grès rose, construite du XIe au XVIe siècle, est en grande partie du plus pur style ogival. La flèche qui couronne la tour de gauche s'élève jusqu'à 142 mètres.

4\. — **Lourdes.** — La basilique est bâtie sur le rocher de Massabielle, au pied duquel s'ouvre la grotte où, en 1858, dix-huit fois de suite, la très sainte Vierge apparut à la petite bergère Bernadette Soubirous. L'église du Rosaire, en avant de la basilique, est précédée d'une vaste esplanade et flanquée de deux clochetons. A gauche, le vieux château de Lourdes couronne un rocher à pic.

5\. — **Le Havre.** — La ville est bâtie sur la rive droite de l'estuaire de la Seine, dans une petite plaine que dominent des coteaux à pentes abruptes. Deux longues digues convergentes, visibles à droite de l'image, protègent l'avant-port. Au pied de la falaise de Sainte-Adresse, d'où la vue est prise, apparaissent les constructions d'une somptueuse station balnéaire, le Nice-Havrais.

6\. — **Nantes.** — Le port de Nantes, avec ses quais très animés où passe le chemin de fer de Saint-Nazaire, occupe le bras nord de la Loire divisée par plusieurs îles en cet endroit. Il est en pleine activité depuis que les travaux exécutés sur la Basse-Loire, en 1903, permettent aux gros navires, calant 7 m. 50, de la remonter. Au dernier plan, le pont transbordeur.

Imprimé par l'Institut Cartographique de Paris, 35 bis, rue Denfert-Rochereau

NOUVELLE SÉRIE

LA GÉOGRAPHIE PAR L'IMAGE ET LA CARTE

I. — COURS PRÉPARATOIRE

1. **Manuel de l'Élève**, in-4° de 48 pages, contenant 32 leçons.

   Chaque leçon comprend :

   1° Des Images et des Cartes en couleurs.
   2° Un Exercice d'observation sur les images et les cartes.
   3° Une Lecture ou Causerie.
   4° Un Résumé de la lecture.
   5° Un Questionnaire sur le résumé.
   6° Un Devoir écrit.

2. **Cahier de Croquis géographiques**, in-4° de 16 pages, contenant 38 exercices.
3. **Supplément** (Directions, Explications, Corrigés des devoirs), in-4° de 36 pages.

II. — COURS ÉLÉMENTAIRE

1. **Manuel de l'Élève**, in-4° de 64 pages, contenant 32 leçons.

   Chaque leçon comprend :

   1° Des Cartes en couleurs et des Images en noir ou en couleurs, [illegible]
   2° Un Exercice d'observation sur les images et les cartes.
   3° Un Texte succinct.
   4° Un Questionnaire sur le texte.
   5° Un Devoir écrit.

2. **Cahier de Croquis géographiques**, in-4° de 40 pages, contenant [illegible]
3. **Supplément** (Directions, Explications, Corrigés des devoirs), in-[illegible]

III. — COURS MOYEN (Certificat d'études)

(Pour paraître prochainement.)

1. **Manuel de l'Élève**, in-4° de 100 pages, contenant 50 leçons.

   Chaque leçon comprend :

   1° Des Cartes en couleurs et des Images en noir ou en couleurs, avec [illegible]
   2° Un Texte succinct.
   3° Un Questionnaire sur le texte.
   4° Un Devoir écrit.

2. **Cahier de Croquis géographiques**, in-4° de 56 pages, contenant [illegible]
3. **Supplément** (Directions, Explications, Corrigés des devoirs), in-[illegible]

IV. — COURS SUPÉRIEUR (Brevet.)

Conforme au programme officiel de 1921

(En préparation.)

1. **Manuel de l'Élève**, in-4° de 166 pages, contenant 75 leçons.

   Chaque leçon comprend :

   1° Des Cartes en couleurs et des Images en noir ou en couleurs, [illegible]
   2° Un Texte succinct.
   3° Un Devoir écrit.

2. **Cahier de Croquis géographiques**, in-4°.
3. **Supplément** (Directions, Explications, Corrigés des devoirs), [illegible]